病気を癒し、人生を好転させる

奇跡の魔法
ループ

丸山修寛

きれい・ねっと

人類を支えてくれている
世界中の潜在意識とハイヤーセルフに
この本を捧げます

はじめに

これから、奇跡を起こす魔法の輪「ループ」についてお話しします。

「ループ」によって起こることは、人間の常識をはるかに超えています。

痛みや苦しみ、何らかの症状がある人に「ループ」をすると、一瞬で症状が消えて癒されます。

すい臓がんの女性は全身にだるさが広がり、背中にはひどい痛みがありました。ところが、「ループ」をすると、数分でだるさも痛みも消えました。乳がんが皮膚の表面や肺にまで広がり、ひどい喘鳴《ぜいめい》と呼吸困難があった女性は、「ループ」をすることによって、わずか数分でその症状が消えました。

「ループ」でがんが消えたわけではありませんが、このように重度の症状が数分で薬も使わずに消えるのは、現代医学ではありえないことです。

僕自身、長年、みぞおちが常に詰まっているような苦しさがあり、それとともにひどい不整脈に悩まされていました。色々な薬や治療法を試しましたが、苦しさや不整脈が良くなることはありませんでした。でも、毎日多くの人に対して「ループ」をするうちに、いつの間にか苦しさも不整脈もすっかり消えていたのです。

また、「ループ」は病気を癒すだけではありません。

「ループ」をすると目の前の状況が好転し、解決不可能と思われるような問題が消えてなくなることさえあります。「ループ」をすると、誰もが人生のあらゆる分野や領域で小さな奇跡から大きな奇跡まで簡単に起こすことができます。

「ループ」をすると、たいていの人が「真実の涙」を流します。「真実の涙」とは、「ループ」をした瞬間に、生まれて初めて「本当の自分」に出会うことによって流れる涙のことです。

「本当の自分」は、普段あなたが思っている「自分」とは異なります。「本当の自分」とは、人生を創造する力をもつ内なる意識のことです。ある人はそれを内在神と呼び、ある人はそれをサムシング・グレートと呼びました。「本当の自分」とは永遠に生き続ける意識です。それは人の心の奥深くにあって、人生に愛と美、智恵、喜びをもたらします。

「本当の自分」に出会うと、気持ちがとても楽になります。

もしもあなたが困難な問題を抱えていたとしても、その深刻さが確実に減っていきます。問題が解決するかどうかは大した問題ではなくなり、解決してもしなくてもどちらでもいいと思えるようになります。すると、問題が引き起こしていた緊張が緩和するのです。

そんな「本当の自分」に、あなたも会ってみたいと思いませんか？

「ループ」をすると、誰もが簡単に「本当の自分」に出会うことができます。そして、さらに「ループ」を続けていけば、「本当の自分」に出会えるだけではなく、どんな方法よりも早く「本当の自分」になることができます。

この本を読み終わるころには、あなたも必ず奇跡の魔法「ループ」を使いこなせるようになります。

そして、「本当の自分」に出会い、多くの奇跡を経験することになるでしょう。

＊　＊　＊　＊　＊　＊

こんにちは！

僕は丸山修寛《まるやまのぶひろ》といいます。

１９９８年に宮城県仙台市で循環器、呼吸器、アレルギー疾患専門医院を開き、以来クリニックで、日々患者さんを診察し、治療しています。時々講演もしているので、どこかで僕の姿を見たことのある方もいらっしゃるかもしれません。

僕のクリニックには、アレルギーだけではなく様々な症状の患者さんが来られます。遠方から来院されることも珍しくなく、中にはがんなどの重い病気で、現代医療ではもう手の施しようがないと言われたという方もいらっしゃいます。

一体なぜそんな患者さんが来られるのかというと、僕の治療法が一般的な医療とすこし違っているからです。

にわかには信じがたいかもしれませんが、僕は25年ほど前から患者さんの身体のどこに問題があるかを、額の中央にある「第三の目」で視ることができるようになりました。

さらに今では、10年ほど前に出会った潜在意識と、その数年後に出会ったハイヤーセルフという目に見えない存在たちと一緒に、患者さんを診察し治療しています（潜在意識とハイヤーセルフとの出会いについては、後ほど詳しくお話ししますね）。

また、彼らから教えてもらって見る人を癒し、不調を改善する「クスリ絵」や電磁波対策グッズなど、様々な治療法や治療器具を共同開発しています。

彼らのサポートのおかげで、僕だけでは治せない様々な病気や疾患にも改善が見られることが多くなりました。

ただ、病気が良くなるためには、何度か来院いただく必要のある患者さんもいらっしゃいます。しかし、遠方だったり症状がひどいために、一度しか来られないという方も少なくありません。

僕は診療を続けるうちに、そういった患者さんが、クリニックに何度も来なくても誰でも自分で簡単にできて、しかもお金もかからずに症状や病気が良くなる方法があればよいのに……と思うようになりました。

そんな僕の思いを受けて、潜在意識とハイヤーセルフが教えてくれたのが「ループ」なのです。

これからご紹介していく「ループ」は、誰が行っても間違いなく一定の効果がある、まさに「奇跡の魔法」です。

誰にでもできるようにお伝えしていくので、自分に対して、大切な人に対して、ぜひ活用してほしいと思います。

もくじ

第6章
新しい知覚

第7章
今、この瞬間の真実

第1章

人生に奇跡をもたらすループ

ループという奇跡

ループをすると、魔法のように一瞬で人体に、そして人生に奇跡が起こります。

ループをすると症状が消え、病が癒されます。

ループによって人々は悩みや苦しみ、問題から解放されます。


ループがこのような奇跡を起こすのは、人間以上の智恵と力を持った潜在意識とハイヤーセルフが、僕たちに手を差し伸べてくれるからです。

人間の力だけでは絶対にどうにもならない問題が生まれた時、自分の力だけでどうにかしようとすることを完全に止めて、彼らにすべてをゆだねます。


すると、潜在意識とハイヤーセルフ、そして人間が三位一体となって奇跡が起きます。

ループとは、人間と潜在意識、ハイヤーセルフが一つ（三位一体）になる最も確実で、最も簡単な方法なのです。

この本には、僕自身がループをしながら、その都度得た内容を書いていきます。なぜなら、その方が皆さんにとって理解しやすいと思うからです。

はじめのうちは、本を読んでもよく理解できないところや、納得できないところがあるかもしれません。でも、ループを繰り返していくうちに、自然とループをすることの意味が分かったり、この本に書かれている智恵の意味が分かったりしてくることでしょう。

どうしてもよく分からないという場合には、自分一人の力で理解しようと考え込んだりせず、僕の動画（詳細は巻末をご参照ください）を見てみるのも良いかもしれません。また、本書の後半は、僕の個人的な考えも多く入っているので、「そんな考え方もあるんだなあ」くらいの気持ちで読んでいただければと思います。

ループのやり方が分かったところからは、ぜひループをしながら気楽に読み進めてください。

ループとはなにか

ループとは、あなたとあなたの潜在意識、ハイヤーセルフの3人が手を取り合って輪をつくることです。これから「ループをする」というと、3人が手を取り合って輪をつくることだと思ってください。

ループは、イエス・キリストの教えにある三位一体と同じものです。イエスの教えでは、父と子と聖霊で三位一体とされます。ループの場合は、あなたとあなたの潜在意識、ハイヤーセルフの3人が三位一体となって輪をつくります。ループは現代版の三位一体と言ってもよいでしょう。

人は、自分一人で生きていると思っているかぎり、何か問題が生じる度に、孤独や不安、恐怖に襲われます。人生は楽しいものではなく、辛くて、苦しくて、恐ろしいものになってしまいます。

でも、潜在意識やハイヤーセルフが常に一緒にいて助けてくれることが分かると、安心して安らぎの中で生きることができます。ループをして三位一体になると潜在意識とハイヤーセルフに見守られていることが感じられるようになります。するとと、孤独から解放され、生きることは喜びとなり、人生は楽しく価値あるものになります。

ループをする方法は後述しますが、それは呼吸をするのと同じくらい自然で簡単です。ループで人がすることは、自分の潜在意識とハイヤーセルフに「さあ、ループをしよう」と言うことだけです。

そして、今この瞬間に表れているあるがままの自分や目の前の現実を変えようとせず、むしろそれを完全なものとして迎え入れ、真にくつろぐことだけなのです。

あとは自分の潜在意識とハイヤーセルフを完全に信頼し、すべてを委ねます。それだけで、奇跡ともいえるシフトがすべての人に起こります。

ただ、そうは言っても、潜在意識やハイヤーセルフのことをまったく知らなかったり、言葉を知っていても、何のことか分からないという人も多いようです。

僕のところにやって来られる患者さんの中にも、潜在意識やハイヤーセルフという言葉を一度も聞いたことがない方や、その存在に一度も気づいたことがない方がいらっしゃいます。

そういった場合、僕は患者さんの潜在意識とハイヤーセルフに「君たち（患者さんの潜在意識やハイヤーセルフ）が、患者さんの中にいるというサインを見せてあげてくれない？」と彼らにお願いします。すると、患者さんの胸の中央が急にあたたかくなったり、お腹が突然グーッと鳴ったり、身体のどこかに微細な振動が起こります。

次に、患者さんの潜在意識とハイヤーセルフに患者さんと手をつないで輪（ループ）をつくってくれるようにお願いします。すると、患者さんと患者さんの潜在意識とハイヤーセルフが手を取り合って輪ができます。これでループが完成、大成功です。

今のところ、僕と一緒にループをした100人の内、100人全員がループをつくることに成功しています。

ループが簡単なのは、人ではなく潜在意識とハイヤーセルフが主にループの全過程を行うからです。

そしてループのすごいところは、瞑想の達人が何時間も瞑想してやっと到達できる無や空の領域に、わずか1、2分で到達することができることです。

三者の心を一つに

この身体の中にはぼくしかいない
ハイヤーセルフ
ぼくもここにいるよ!!
ぼくが一人で頑張って生きていかなければ…
……
丸
おーいここだよー
潜在意識
多くの人は自分の身体に自分と別個の意識である潜在意識とハイヤーセルフがいることに気づいていない
たとえスピリチュアルな本を読んだりセミナーにいっても本当にぼくたちのことを分かっている人は少ない
でも彼らの存在に気づいて彼らと心が一つになっていないと…
人の心
潜在意識の心
ハイヤーセルフの心
わしはこんな人生(苦難がいっぱい)がいい
貧
悲
辛
ぼくは病気になって闘う人生がいい
ゲホッ
彼らと心が一つになっていないとみんなが自分勝手な人生を創造しようとする

こんなに頑張っても
うまくいかない
不整脈　心不全
高血圧　糖尿病
狭心症　網膜剥離
脳出血で
身体はボロボロだ
人生って
なんて理不尽なんだろう
っていうことになる
ところが
ループをすると
じゃんっ
三者の心が一つになる
ハイヤーセルフの
意識
人間の意識
潜在意識
君の気持が
すごくわかる
君のしたいことが
すごくわかる

三方よしの現実をつくろう
人生が突然好転しはじめたぞ
なんてなるかもね
でもループをして得た一番の宝は
君たち二人と一緒に人生を歩んでいけるってこと

神とは「本当の自分」のこと

キリスト教には三位一体という考え方があります。父（父なる神）と子（父なる神の子イエス・キリスト）と聖霊の三者で一つ（三位一体）ということです。このような考え方が生まれたのは、イエスには彼らがはっきりと見えていたからです。

では、僕には何が見えたかというと、自分の中にいる潜在意識（聖霊にあたる）や、頭や肩からはみだすようにして一緒にいるハイヤーセルフ（神にあたる超意識）が見えました。これは現代版の三位一体と言っても良いでしょう。

僕たちが彼らと三位一体になれるのは、実際に彼らがいるからです。彼らは実在していて、人間の意識とともに3人が一つに融合した意識になることを強く望んでいます。

僕が長い間、潜在意識や自分の中の神（ハイヤーセルフ）と直接つながることを求めてきたように、彼らも僕たちとつながることを求めています。彼らは病気や死、貧困をはじめとする様々な苦しみや、それらに伴って人間が感じる恐怖を一緒に克服したいと願っています。

そして、その具体的な方法として僕に教えてくれたのがループなのです。

ループをしていくと、神は自分の外側だけに存在するのではなく、内側にも存在するということが分かってきます。そして、さらにループによって学びが進むと、内なる神とは、自分の身体の中で、潜在意識とハイヤーセルフと自分が融合して、一つの意識になったものだと分かります。

これを僕は「本当の自分」と呼んでいます。

ループをして、「本当の自分」になると、心や身体、意識、知力、能力が格段にアップグレードします。なぜなら三位一体となることで、意識の次元が人間意識の次元から神の意識の次元に変わるからです。

ループは人間の意識をとんでもなく高い次元に上げる方法なのです。

「本当の自分」は、自分の人生を自ら創造する力を持ちます。ループはすべてを創造する源（本当の自分）へ、僕たちをいざなう最高最上の魔法です。

ループをすることによって僕たちは、愛と美、智恵、富を手に入れます。

潜在意識との出会い

今から10年ほど前、僕は「ホ・オポノポノ」という古代からハワイに伝わる問題解決法が書かれた本に出会いました。

そこには「ごめんなさい・許してください・ありがとう・愛しています」という4つの言葉を繰り返して言うだけで、すべての問題が解決すると書かれていました。また、ホ・オポノポノをすると、自分の潜在意識とコンタクトがとれるようになるとも書かれていました。

以来一年ほど、僕は毎日欠かさず、ホ・オポノポノをしてみました。

するとある日の夜、潜在意識が夢の中に出てきて、「潜在意識辞典」という辞典を広げて見せてくれました。朝起きた時には、夢の中ではしっかりと覚えていたはずの潜在意識に関する内容は頭からすっかり抜け落ちていました。

ただ、自分の潜在意識の名前が「あおい」だということだけは、はっきりと覚えていました。

それからしばらくたった、ある日の夜中のことです。突然「あぶない！」という大きな声が聴こえました。それは間違いなく、夢で出会った潜在意識の「あおい」の声でした。

飛び起きた僕は、あたりを見回しましたが誰もいません。ただ、寝室の奥の方に黒い影のようなものが見えました。それはおそらく、僕がクリニックで患者さんからもらって連れてきたあまり良くない存在だったので、潜在意識が危険を知らせるためにやむなく声を発したのだと思います。

こんなことがあってから、僕は自分の潜在意識がはっきりと視えるようになりました。そして今では、長年の友のように心を通わせています。今日のお昼は何を食べたらいいのかといった簡単なことから、この患者さんを治すにはどうしたらいいのかといった重大なことまで、迷ったときは潜在意識に相談します。

たいていの場合は「これはやった方がいい？　それともやらないほうがいい？」といった具合に二者択一で聞きます。答えがイエスの場合は、うなずいてくれるし、ノーの場合は首を横に振ります。

また、潜在意識には僕が考えていることや思っていることがすべて分かるようです。僕が潜在意識に相談していないときでも、潜在意識が僕の考えや思いに共感すると、身体のどこかに「いいね！」のサインとして、バイブレーションを起こしたり、僕の指を曲げたり、おなかをグーッと鳴らします。そんなとき僕は、潜在意識はどんなことでも聞いているんだなと驚きながら、「いつも心配してくれてありがとう」とお礼を言います。

こうして普段から潜在意識と仲良くしているうちに、今では自分以外の人の潜在意識まで視えるようになりました。

潜在意識は僕たちとともに身体の中にいて、僕たちと共に人生を生きています。潜在意識は本当に頼りになる相棒です。

潜在意識は、僕の身体をコントロールしています。

僕は、自分の力で身体を治すことはできません。治せるのは潜在意識だけです。僕にできることは、潜在意識に治してくれるようお願いをすることくらいです。

潜在意識は、身体のことだけでなく人生に起きる出来事もコントロールしています。

僕が人生で体験する出来事は、潜在意識が持っている記憶やデータが再生されたものです。僕たちが現実だと思っているものは、潜在意識がもっている記憶やデータが3次元世界に投影されたものなのです。

そのため、人生をより良くしたいのであれば、潜在意識に頼んで、嫌な記憶やデータを良い記憶やデータに書き換えてもらうしかありません。人間の意識が単独でどうあがいても、現実は変えられないのです。

ところが、ループをすると、僕と潜在意識は一つになります。すると、僕の思いが潜在意識に直《じか》に伝わって、僕が変えたいと思っている現実と関係する記憶やデータを潜在意識が書き換えてくれます。これは、僕も現実を創造する一端を担えるようになるということです。

潜在意識の中にある、あなたの希望と相容れない「思いこみ」の記憶は、ループをすることによってクリーニングされていきます。

すると、あなたの人生は一瞬で好転し始めます。

ハイヤーセルフとのコンタクト

ハイヤーセルフとは、「超意識」と呼ばれる意識です。

ハイヤーセルフは人の身体に重なるようにして存在しています。たいていは人の肩のやや上の方に顔を出して、その人の人生の逐一をジーッと食い入るように見ています。

僕がその存在に気づいたのは、患者さんを診察している時のことでした。

がんの患者さんに病気のことを一生懸命説明しながら、患者さんの身体の様子を見ていると、僕の顔の左横あたりに、僕と同じように患者さんを食い入るように見ている存在がいることに気づいたのです。

驚いた僕は、顔の左横を何度も見返したのですが、肉眼では何も見えません。そこで、本当にその存在がいるのかどうかを確かめるため、僕は自分の顔の左横あたりを自分の手で探ってみることにしました。すると、温かさを持った何かが間違いなくそこにいたのです。

これが、僕とハイヤーセルフのファーストコンタクトでした。それ以来、僕にはハイヤーセルフの存在が確実にわかるようになりました。そして最近では、自分以外の人のハイヤーセルフも視えるようになりました。

神学博士のスーザン・シュムスキー氏は、著書『魂の保護バリア オーラ・ヒーリング』（徳間書店）の中で、「ハイアー・セルフ（高次の自我）はアートマンと呼ばれ個人我という力強い存在であり、〝わたしはある〟〝わたしは存在する〟という、最も抽象的で根本的、普遍的な構成要素を指す。個人我とは、本来は人格を有しない神が個性化したものであり、普遍的叡智、愛、真実が形をとって、神の目的を個人をとおして達成することを目的にしている。個人我体は、細い金と銀の光の糸が格子のような構造をつくり、人の身体を支えているようだと言う人もいる」と書いています。

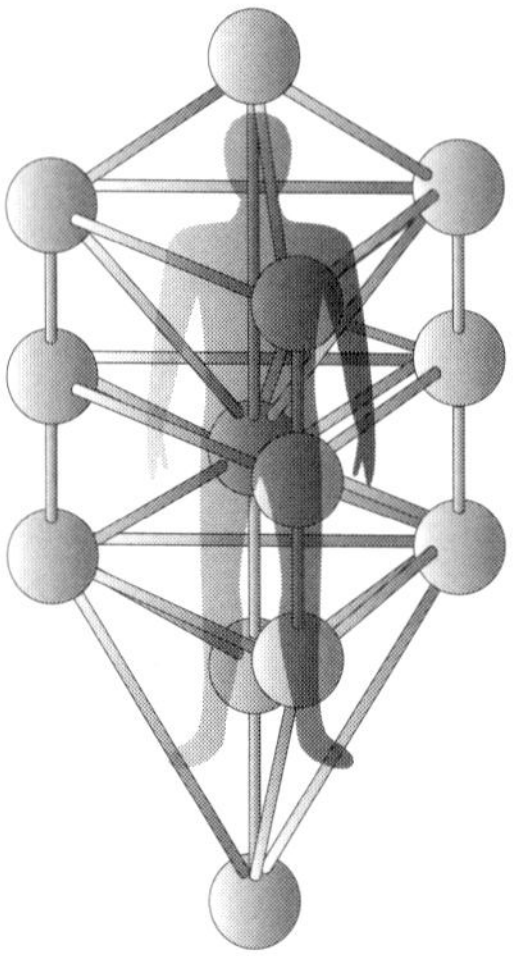

僕は、ここに書かれている「細い金と銀の光の糸がつくっている格子のような構

造」とは、後述する立体カバラの構造のことを言っているのではないかと考えています。

潜在意識とハイヤーセルフからの贈り物

自分と潜在意識、ハイヤーセルフは、同じ一つの身体の中に在りながら、それぞれ別の意識として存在しています。

三者の意識がバラバラで心が通じ合っていないと、夢や希望に向かってどんなに頑張っていても、自分の望みとは違う理不尽な人生が創造されていってしまう可能性が高くなります。

でも、ループをすることによって3人の心が通じ合うと、僕たち（僕と潜在意識、ハイヤーセルフ）が何を望んでいるのか、そして何が僕たちにとって最善で最高なのかがわかるので、理想的な現実を創造することができます。

ループをすると、今まで潜在意識やハイヤーセルフが自分の身体にいることを知らなかった人でも、即座に彼らと心を通わせることができるようになります。そして、ループを続けていくうちに、自分と潜在意識、ハイヤーセルフの意識が一つに融合した「本当の自分」という意識に変化していきます。

実は、潜在意識やハイヤーセルフと即座にコンタクトができることは奇跡のようなことです。

潜在意識とコンタクトするには、普段から潜在意識のケアをする必要があります。ケアというのは、潜在意識の存在に気づいて、自分の身体にいる我が子のように話しかけ、愛情や慈しみを送ることです。

それまで何のケアもしてこなかった人が、突然、潜在意識とコンタクトをとることは、本来ならとても難しいことなのです。実際、僕は僕の潜在意識とコンタクトをとるために一年以上もかかりました。

ところが、ループをすると、潜在意識の方から僕たちにコンタクトしてくれます。それどころか、潜在意識とつながること以上につながることが難しいハイヤーセルフまでもが、ハイヤーセルフの方からコンタクトしてくれるのです。

ループのすごい点は、潜在意識やハイヤーセルフのことを初めて聞いた人や、彼らの存在を信じない人でも、即座に潜在意識やハイヤーセルフから手が差し伸べられることです。

僕と一緒に初めてループをした人の9割以上が、潜在意識やハイヤーセルフに手を握られる確かな感覚を体験しています。ループによって誰でも即座に彼らとコンタクトできることは、まさに奇跡としか言いようがありません。

先ほども述べたとおり、ループを教えてくれたのは、潜在意識とハイヤーセルフです。

潜在意識とハイヤーセルフに出会ってから、僕はいつも彼らとの時間を大切に過ごしています。そんな彼らとの時間の中でも、特に僕が大好きなのは、彼らと一緒に自転車に乗りながら身体いっぱいに風を受けることです。

ある時、いつものように3人で楽しくツーリングしていると、突然、どちらかが「3人で手をつないでループをつくろう！」と言い出しました。もちろん「言った」といっても言葉ではなく、テレパシーのようなものです。

潜在意識が言ったのかハイヤーセルフが言ったのかはわかりません。もしかすると、2人で言ったのかもしれません。いずれにしても、それがループのはじまりです。

僕たちはすぐに手をつないで3人で一つの輪（ループ）になりました。するとその瞬間、何とも言えない懐かしいような昔から知っていた友達といるような、心地よいフィーリングに包まれたのです。

それ以来ループをするたびに、僕はこの心地よさに包まれます。

そして、ずっとループを続けることで、今こうして書いていることのすべてが、まるでずっと以前から知っていたかのように、理解できるようになっていったのです。

ループとはまさに、潜在意識とハイヤーセルフからの贈り物です。

誰も一人では悟れない

人生において「今、この瞬間」「ありのまま」「あるがまま」「純粋な気づき」「キリスト意識」「仏性」「愛」「慈悲」「存在（プレゼンス）」「無」「空」「神」……、こういった人間の本質を真に理解すること、すなわち「悟る」ことは、とても重要です。これらの悟りを得ると、死をはじめとする、あらゆる苦を克服できるからです。

しかし、これまで人間一人の力だけで悟ることができた人は一人もいません。

そんなことを言うと、「ええっ！　それってどういうこと？　ブッダは？　イエスは？」という声が聞こえてきそうです。けれど、イエスやブッダのような人たちであっても、自分の力だけで悟ることができたわけではありません。彼らも、潜在意識とハイヤーセルフのお陰で悟ることができたのです。

そもそも悟りとは、一人の人間に起こるものではないのです。それは、人と潜在意識とハイヤーセルフが三位一体となった、すなわち「本当の自分」となった新しい意識によって起こるものです。

少なくともイエスは、父と子と聖霊という三位一体によって悟りを得ることができました。潜在意識やハイヤーセルフは、人間の道徳をはるか超えた神の道徳、悟りをはじめから持つ者たちです。ループをして人と潜在意識とハイヤーセルフが三位一体になることによって、神の道徳、悟りが人間の意識を満たすのです。

「悟りたい」と願って努力する人は多いと思いますが、人間が努力して悟ることはできません。これは悟りを求める人にとっては朗報です。

悟りとは、個人に起こるものではないということを知ると、とても楽になります。なぜなら、そのための無駄な努力が一切いらなくなるのですから。

しかも、ループをして、すでに悟っている自分の潜在意識とハイヤーセルフと手をつなぐことで、彼らの悟りが自然に自分に浸透してくるというのだから、これほどすばらしいことはありません。

言葉を超える体験

「今、この瞬間」「ありのまま」「あるがまま」「純粋な気づき」「キリスト意識」「仏性」「愛」「慈悲」「存在（プレゼンス）」「無」「空」「神」……、こういった多くの言葉で表現される人間の本質は、言葉だけですべてを言い表すことはできません。そして、どんなに多くの言葉を並べても、真理に到達することはできません。

言葉によって到達できない真理は、言葉以外の方法、すなわち体験で知るしかありません。真理に到達するための体験には様々なものがありますが、その中でもループは最も確実に人間の本質、真理に到達し得る最良最高の方法です。

ループをすると、誰もが一瞬で、ブッダやイエスの悟りの境地を垣間見ることができます。

ただし、一瞬でもその片鱗《へんりん》に触れたなら、以前のような「偽の自分」を生きることができなくなります。そしてループをするうちに、いつしか「本当の自分」に目覚め、「本当の自分」として人生を生きることをごく自然に選択するようになります。

あとはそれを、実際の日常生活でどのように行うかだけです。

でも、心配には及びません。ループをすれば、潜在意識とハイヤーセルフが面倒なことや大抵のことはすべてやってくれるのですから。

彼らは完全

僕たち人間がなすことは完全ではありませんが、潜在意識とハイヤーセルフがなすことは完全です。何しろ彼らは、僕たちよりもずっと神に近い存在（神性の意識）なのですから。

彼らは、僕たちにとって完全な愛そのものです。

彼らは、僕たちがどんな人間であろうと、僕たちを愛することを決してやめないのです。彼らは常に僕たちに無償の愛を注ぎ、僕たちが彼らと同じ完全な愛になるように導いてくれます。僕たちは完全な彼らと手を取り合い三位一体となることによって、自分を完全な愛の結晶へと向かわせることができます。

ループをするとき、彼らの完全さや愛を感じながら行うと、ループのプロセスがよりスムーズに進みます。

具体的には、潜在意識とハイヤーセルフのそれぞれに向かって「君たちは完全だね」と伝え、「この瞬間は自分も完全だ」と自覚するだけです。その理由については後で述べるので参考にしてください。

⚜ 神の道徳

ループをすると、不完全で不正確で偏りのある人間の道徳という束縛、縛りから、自然に解放され、完全な神の道徳へと導かれていきます。

そもそも、人間の道徳は「○○してはいけない」という禁止や、「○○しなければいけない」という責任や義務を強制することが多すぎるのです。そんな人間の道徳による間違った束縛から解放されるだけでも、人の心は軽く自由になります。

ループをすると、潜在意識とハイヤーセルフの完全な、「神の道徳」が人の心に浸透します。すると、人は誰かに何をすべきか、人はどうあるべきかを教わらなくても、自然になすべきことが分かり、なすべきことをするようになります。

「神の道徳」を学ぶために必要なのは、ループをすることだけです。他に努力したり勉強する必要はまったくありません。もちろん勉強や努力が悪いというわけではありませんが、これはとてもありがたいことです。

新たな知覚

ループを続けていると、それまであった知覚が鋭敏になります。
新たな知覚が現れることもあります。

新たな知覚とは、目や鼻、耳、舌、触覚を担う皮膚などの五感によって気づく知覚とは別の知覚です。

新たな知覚とは五感を超えた、「気づく働き」のことです。

天高く、頭のはるか上から何か光のようなものが降りてきて、自分とつながるのを感じたり、何もないような空間に癒しのエネルギーを感じたり、逆に身体のすぐそばに生命エネルギーを奪う場所があることに気づいたりします。

目に見えない神聖な存在に気づくこともあるでしょう。また、必要なとき、必要なインスピレーションを受け取ることができます。

でも、このようなことより現実的でより大切なことがあります。

それは、新たな知覚によってその時々の自分の行動や思考に、日常的に気づくことが可能になるということです。これは無意識的に生きてきた人生を、意識的に生きるということです。何をしているときも、自分がしている行動や思考に気づくようになるということです。

このような気づきを繰り返していくうちに、自分＝身体ではないということが自然に分かり始めます。自分の身体が自動的に動いているのを、間近で見ているような意識の状態になります。すると、身体の調子の良し悪しに振り回されなくなっていきます。

三位一体になることによって知覚が新たなものに変わると、見える風景や心象風景が変わります。

新たに生まれた知覚によって、締めきった雨戸の隙間から世界を見ているような状態から、雨戸を開け放して見るような状態になっていくのです。

雨戸を前回にして世界を見る

普段ぼくたちは目や耳。鼻・口(舌)触覚という不完全な知覚を使って世界を見ている
それは雨戸の節穴から外の世界を見ているようなもの
むむ
ところがループをしていると知覚が変わる
知覚が敏感になる!
触覚
視覚
聴覚
味覚
臭覚
知覚アップ
それまで気がつかなかったことまで気づけるようになる
それはまるで雨戸を全開にして外の世界を見るようなものだ
ガラッ

言葉で
言い表すことが
できない世界を
感じる
そこには
おだやかで
静寂に満ちた
世界がある
安らぐ〜
気持ちがいい
潜在意識
ハイヤーセルフ

どうして奇跡が起きるのか

ループをするとなぜ奇跡が起きるのでしょうか。

それは、ループが僕たちを、この世界を創造している源泉にまで導くからです。創造の源泉とは、意識の最も奥深くにある無意識の領域です。

ループをすることによって、僕たちは意識的に無意識の領域に到達できるようになります。創造の源泉では、僕たちが意識的に自分の意図をそこに置くだけで、望む現実を創造することができます。これが、ループが奇跡を起こす理由です。

ただし、僕たちは、自分一人では創造の源泉にたどり着くことができません。なぜなら僕たちは、そこに至る地図も方法も持っていないからです。

しかし、ループを行うことによって潜在意識とハイヤーセルフと一つになっていると、僕（人間）の意識も彼らと一緒に創造の源泉に行くことができるようになります。

というのも、潜在意識とハイヤーセルフは、もともと創造の源泉に近いところにいて、普段から創造のプロセスに参加しているからです。

彼らはそこへ行くための地図や方法を、すでに持っているのです。自分一人で厳しい修行をするよりも、彼らの助けを得るほうが、ずっと素早く確実に創造の源泉に行くことができます。

ループが効果を発揮するのは、ループが作用する領域が世界を創造している源泉だからです。それは形やエネルギーが創造される以前の領域、形もエネルギーもない、記憶や記録、情報が主体の領域です。この領域から形あるものやエネルギー、波動が生まれていきます。

般若心経では、それを「空」といいます。「色即是空、空即是色」という言葉はつとに有名ですが、ループはまさにその「空」の領域に作用し、病気や不調を根本から消してしまうのです。

ループは人の思いを変える

病気にかかっている人がループをすると、次第に病気に対する考え方が変化していきます。

最初のうちは、痛みなどの症状が消えるところから始まることが多いのですが、やがて、がん、難病、あらゆる病気に対する自分の固定観念や、これまでの医学の常識、過去の経験から得た知識を手放し始めます。それにより奇跡的な治癒が可能になります。

症状しか消えなかったものが、やがて病気そのものが消えていくようになるのです。

実際に、ループをすることで乳がんのしこりや腫瘍《しゅよう》を自分の力で消した人たちがいます。

あまり知られていないことですが、この世は「人の思い」によって創られています。

あなたが世界で体験すること、あなたの身に起こること、あなたが手に入れるものは、何であれすべてあなたの心の内側にある思いが、この世界において具現化したものです。つまり、思いが変われば、結果も変わるということです。

ただ、この三次元世界では、思いを変えてもすぐには結果が変わらないようになっています。というのは、人間は思い違いをすることがあるからです。思い違いに気づいたとき修正できるように、僕たちはしばらくの猶予期間をいただいているのです。

ループは、思いや思いこみを変えるための極めて有効な方法のひとつです。ループをしながら、自分の思いや思いこみを変えたいと思うだけで、それらが変わっていきます。

変化とシフト

ループをすることで起こるのは、「在りよう（その瞬間の物事の状況）」のシフトです。

僕たちは出来事が起こるということを、出来事が変化することで知ることができます。変化する前と変化した後を比較することで、はじめて変化したこと、出来事が起こったことが分かります。

変化とは、変化する前、つまり過去と、変化した後、つまり未来を基準にしているのです。過去と未来がないかぎり変化は起こりません。

また、変化は何かが動くことで起こります。そのため、変化するためには誰かや何かの動きと、動くための時間が必要になります。変化は時間とともに段階的に起こります。

一方、ループをしていると起こる一瞬の出来事、すなわち「シフト」は、今という瞬間に起こるものであり、過去や未来を必要としません。

ループで起こることは、時間を使って何かが動くのではなく、ただ単に「在りよう」がシフトするのです。シフトとは、簡単に言えば今ある状態から中間の状態を飛び超え、別の状態に移行することです。

階段を一つひとつ時間をかけて降りていくことが変化だとすると、階段の上から一足飛びに飛んで一気に下までいくのがシフトです。

変化とシフト、この二つはまったくの別物です。変化は時間軸上で起こりますが、シフトは時間軸の外側で起こります。変化がアナログだとすると、シフトはデジタルです。シフトはテレポーテーション（瞬間移動）とよく似ています。段階的治癒というプロセスを経ることなく、病気がある状態から病気がない状態へと瞬時にシフトするのです。

第2章

奇跡の魔法ループの実践

ループの準備

ループをする前に、本書付属の立体カバラの写真を左胸のポケットに、写真が胸の方を向くようにして入れます。ポケットがない場合には、絆創膏などで肌着に貼ってもよいでしょう。

立体カバラの写真や後述する立体カバラを、ループをするときに身に着けておくとループの効果を高めてくれます。

ループをする時、慣れてくるまでは誰もいない静かな環境で行うのが理想的です。始める前に、ループが途中で中断されないように、携帯電話はマナーモードにするか切っておくようにしましょう。

「ビギナーズラック」という言葉があります。初めての時はとてもうまくいくのに、2回目からはうまくいかないことを言います。

ループでも同じことが言えます。最初のうちはとてもうまくいっていたのに、突然、うまくいかなくなるといったことがよくあります。

そこで、ループをする時には毎回、生まれて初めてするかのようにしましょう。ループをする前に、「自分はこれから生まれて初めてループをする」と声に出して言ってもいいでしょう。たったこれだけのことで2回目以降のループの成功率が飛躍的に上がります。その理由は後ほど説明します。

ループの実践

それでは、ループを始めていきましょう。

まず、「自分はこれから生まれて初めてループをする」と声に出して言うか、心の中で思います。次に自分の潜在意識とハイヤーセルフに手を繋いでくれるようにお願いします。

具体的には、僕たちが描いたマンガ（66ページ）を見てください。僕たちというのは、もちろん僕と潜在意識とハイヤーセルフの３人のことです。

３人で描いたこのマンガのおかげで、潜在意識やハイヤーセルフを知らない人でも即座に彼らとループをすることができます。

マンガを読み終えたら、マンガに描かれている自分というところに、すでに自分が立っていると思ってください。そして、マンガのように両手を差し出してください。するとすぐに、潜在意識とハイヤーセルフがあなたの手に彼らの手を乗せてきます。

潜在意識とハイヤーセルフが手をつないでくれたと感じたら（何も感じない人は彼らが自分と手をつないでくれているようなイメージをします）、軽く目を閉じて、その時のフィーリングをゆっくりと味わいます。

僕の場合は、ループをすると緊張が取れるせいか、いつも自然に口元がほころびます。

気持ちのいい風を感じるときもあります。自分の手に彼らの手の重さやあたたかさを感じることもあります。

自分がいいと思うまで、手と手をつないだ状態を楽しみます。

1回のループに要する時間は3~5分です。厳密には、効果を出すことを目的にしてはいけないのですが、慣れてくるともっと早く効果が出ます。

まずは、朝起きたとき、時間が空いた時、夜寝る前にすることをお勧めします。

朝起きたら「おはよう。私の潜在意識とハイヤーセルフ、ループをしよう」と心の中で言って、両手を彼らに差し出すようにすれば、すぐにループのプロセスがはじまります。夜寝る前にも「今日はありがとう。ループをして寝よう」と心の中で言って手を差し出すだけで、あとは彼らがうまくやってくれます。

ループのあまりのシンプルさに、「たったそれだけ？」と驚く人が多いのですが、本物はいたってシンプルなのです。

シンプルさゆえに、ループのプロセスには、いかなるノイズ（エゴの欲求）も入ることができません。ループをするだけで、あとは何の努力も必要なく、潜在意識とハイヤーセルフが問題を自動的に解決してくれるのを待ちます。もしかすると、彼らは僕たちがまだ気づいていない問題まで解決してくれるかもしれません。

大切なのは、潜在意識とハイヤーセルフに、起こることのすべてを「ゆだねる」こと。「ゆだねる」とは、その瞬間に起こることを手放すような感覚でいることです。ゆだねた瞬間、潜在意識がもっている記憶も、自分の自我がもつ執着も、すべて消えていきます。

ループは、僕たちが想像もつかない方法で人生を変えてくれます。はじめはわずかな変化かもしれませんが、ループをするたびに徐々に変化していく自分に気づくことでしょう。

ループ

ループを使って人を治したり幸せにする方法が見つかった
ループ？ループって何？
潜在意識
ループはフラフープみたいな形をした輪っかのことだよ
腰をふって輪を回すアレね！
ループを使ってどうやって人を治したり幸せにするの？
ループといってもただのループじゃない人を治したり幸せにすることができる特別なループだ
このループを作るだけでも瞬時に症状が消えたり病気がよくなることがある
すごいねこのループ今この中に入ったら体が軽くなって頭のモヤモヤがふっとんだ！
うん本当にすごいんだこのループ
特別なループ

でも
どうやって
その特別なループを
作るの？
ハイヤーセルフ
簡単に言うと
君(潜在意識)と
ぼくと
ハイヤーセルフの
3人で作る
特別なループを
作るためには
3人がそれぞれ
お互いの手を繋ぐ
潜在意識
ハイヤーセルフ
特別なループ
ぼく
すると
特別なループが
できる！
ちょ…
ちょっと待って！
どうした？
何か
問題でもある？
あるよ
潜在意識や
ハイヤーセルフのことを
知らない人が
多いんじゃないかと
思うんだ
なるほど
それなのに
話がどんどん
進んでいっちゃう
確かに

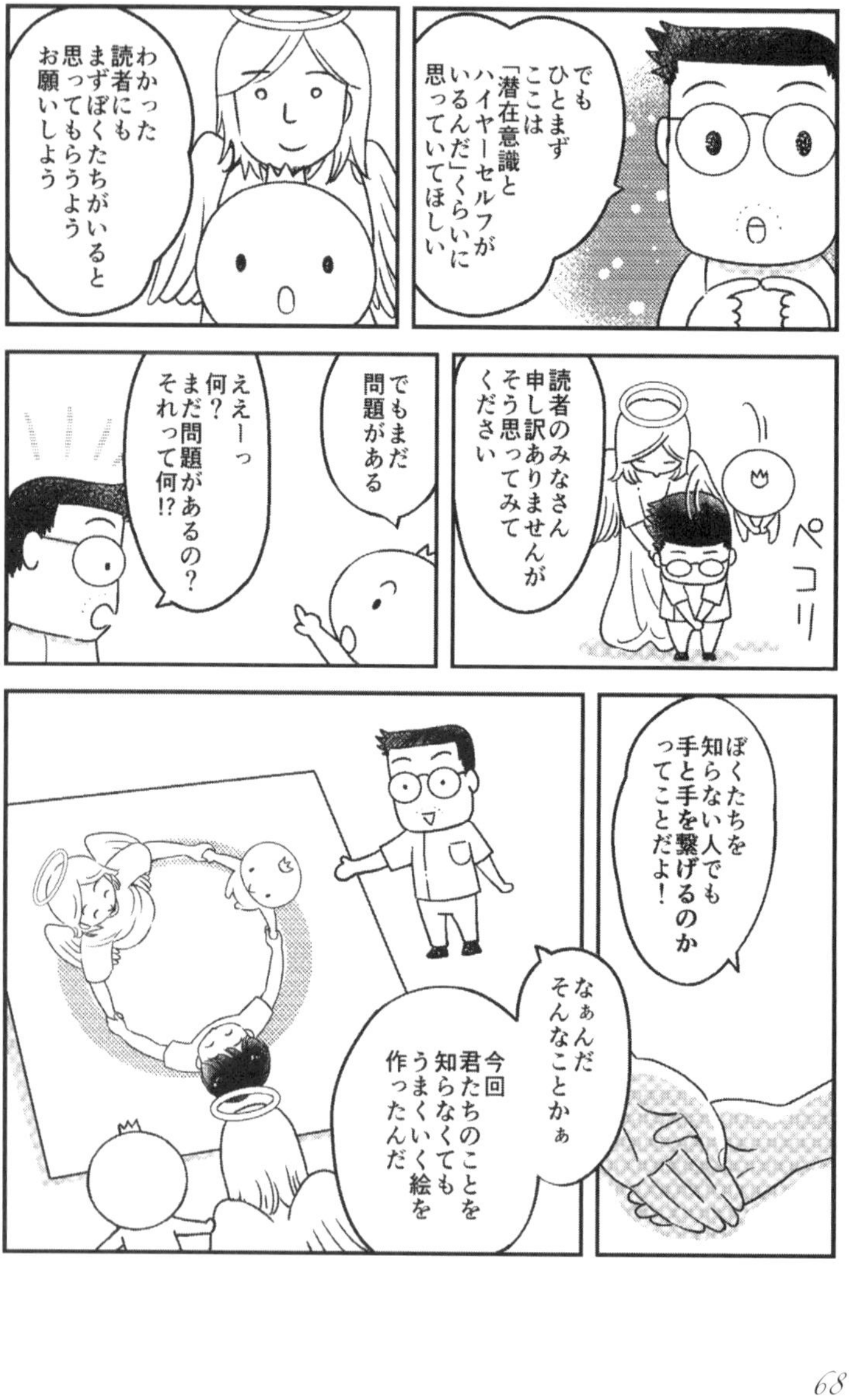

でも ひとまず ここは 「潜在意識と ハイヤーセルフが いるんだ」くらいに 思っていてほしい
わかった 読者にも まずぼくたちがいると 思ってもらうよう お願いしよう
読者のみなさん 申し訳ありませんが そう思ってみて ください
ペコリ
でもまだ 問題がある
えぇーっ 何？ まだ問題があるの？ それって何!?
ぼくたちを 知らない人でも 手と手を繋げるのか ってことだよ！
なぁんだ そんなことかぁ
今回 君たちのことを 知らなくても うまくいく絵を 作ったんだ

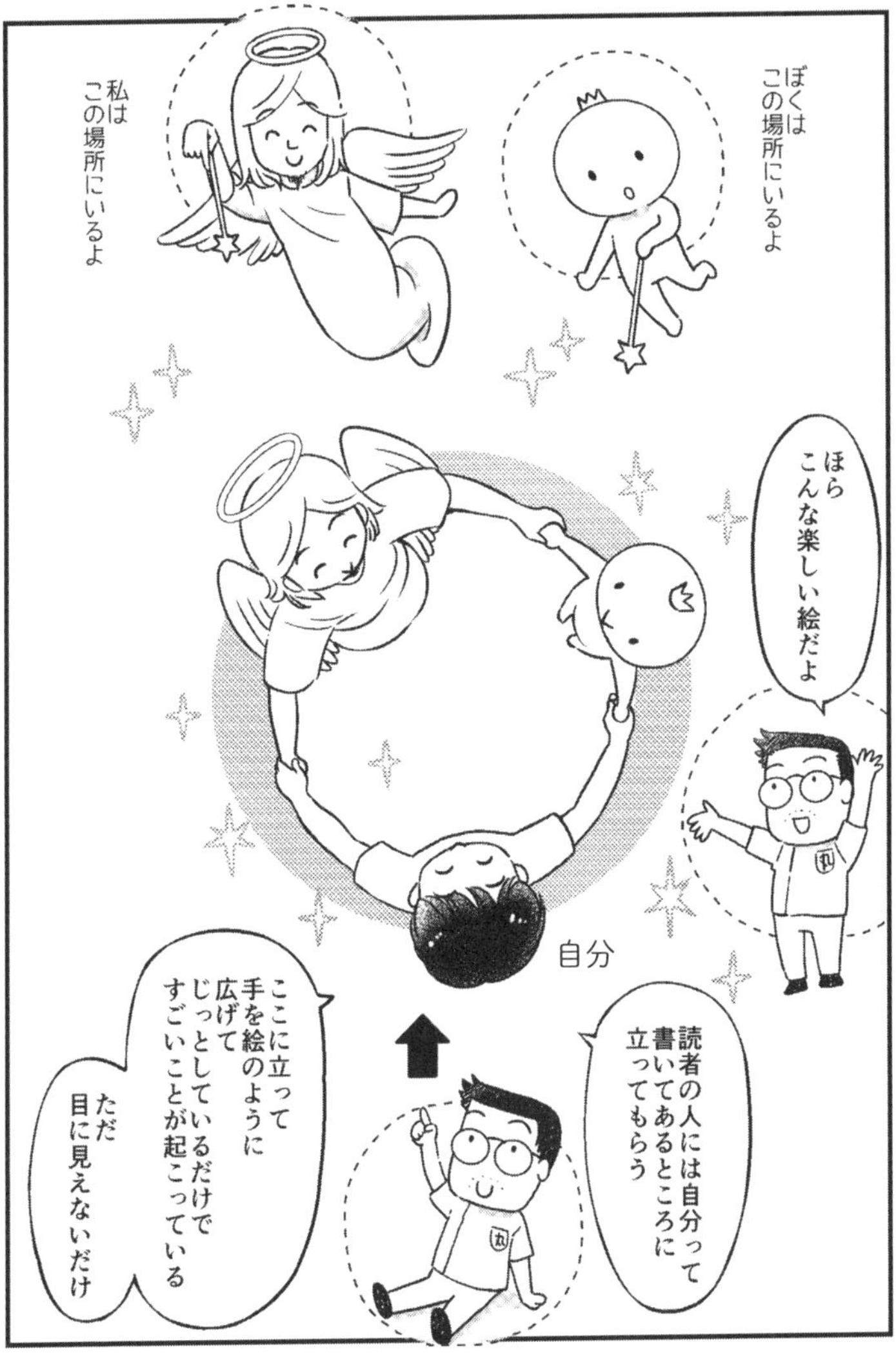
ぼくは
この場所にいるよ
私は
この場所にいるよ
ほら
こんな楽しい絵だよ
自分
読者の人には自分って
書いてあるところに
立ってもらう
ここに立って
手を絵のように
広げて
じっとしているだけで
すごいことが起こっている
ただ
目に見えないだけ

ウフフ
ぼくたちの絵が描いてあったね嬉しいね
読者
そうだね この絵があるおかげで読者のみなさんはぼくたちとコンタクトしやすくなる
ぼくたちも読者とコンタクトしやすくなる
読者
読者が「自分」という位置に立つことはぼくたちとコンタクトを取りたいという意思表示だからね
うん
シュワッチ!!
ぼくたちも自分の絵が書いてあるところに行こう!
シュワッチ!
ピコピコピコ
位置についたよ
ぼくもついたよ
今度はぼくが自分のところにきたよ
ループの上では目に見えなくてもこんなことが起きている

ループをつくる
さぁ いよいよこれから ループを作るよ
丸
潜在意識くんに 向かって 心の中で ぼくの右手を握る ように言ってみる
手をのせるよ
手に圧を感じる じんわり あったかい
詰まっていた 鼻が通る 呼吸がしやすい
すー はー
今度は ハイヤーセルフが ぼくの手を 繋いでくれるように
「ハイヤーセルフさん 愛してる ありがとう」と唱えた
うれしくなって 「潜在意識くん 愛してる ありがとう」って 心の中で唱えた

point 1
するとハイヤーセルフさんも手を握ってくれた
気持ちがいいからしばらくそのフィーリングを感じていよう
point 2
目を軽く閉じる
このとき顔や首肩に力を入れない
point 3
軽く口元をにっとして
小さな笑顔をつくると全身の筋肉の緊張がとける
なんか二人がぼくの顔を見て喜んでいるように見える
なんだか心が落ち着いて平和な気持ちになってくる
ポロ
ポロ
どうして？
それはね…

ぼくたちは
君が
お母さんの
お腹にいたときから
一緒にいて
今も
誰よりも君を
愛しているからだよ
ポロポロ
なんか
嬉しいこと
言ってくれるじゃないか
嬉しすぎて
涙がとまらないよ
ぼくたちも
100%
君を愛する
どんなときでも
君を愛する
3人が
しっかり手を
つなぐと
ループ完成だ

「自分のヘソはどこかな？」

ループでは、いかに頭（頭脳）を使うかではなく、いかに頭（頭脳）を使わないかに重点が置かれます。

頭（頭脳）は常に、自分にとって良いか悪いかを判断することに使われています。頭（頭脳）は自我を生みます。自我そのものは決して悪いものではなく、人がこの世界で生きていく上で必要不可欠なものです。

ただ、ループをする時には自我の自己中心的（エゴ的）な面が妨げになります。潜在意識やハイヤーセルフは純粋な愛の意識なので、純粋な愛ではないエゴ的な意識とは一緒にいられないのです。

そこで、ループのはじめに「自分のヘソはどこかな？」と思うようにします。

なぜそんなことをするのかというと、意識を一瞬で頭脳から切り離して、腹部（丹田があるところ）に移すためです。「考える私」から「考えない私」に変わるためです。もはや何も入れることができないほど思考でいっぱいの状態から、何もない状態、何でも入れることができるスペースに意識を移すためです。

ポイントは、力まずに軽い気持ちで「自分のヘソはどこかな？」と思うこと。この時、頭や顔をヘソの方に向ける必要はありません。ヘソの方に向けるのは「気づき」だけです。

瞑想指導者であり神秘家のＯＳＨＯ氏は『１１２の瞑想秘法の書　上』（市民出版社）の中で、「ハートと頭のセンターは開発されるものだが、臍《へそ》センターはそうではない。臍センターは発見されるものだ。開発されるものではない。臍センターはすでに存在している。要は、探し出すか見つけ出すかだ。もう完全に発達した状態でそこにあるから、開発するようなものではない」と述べています。

完全に発達した状態にあるというのですから、発見するのは簡単です。ヘソセンターを探し出すにはループをしながら、ひたすらヘソを思います。すると、自分とヘソの距離がなくなり、やがて自分がヘソになります。

これは僕の個人的な感想ですが、ループをしながらヘソに意識を向けていると、自分がヘソの内側にいるような感覚になります。そこにいると、お母さんの子宮の中にいたときと同じような、とても安らかな気分になります。

ＯＳＨＯ氏の言う「臍センターを発見する」とは、このような状態のことをさすのではないかと、僕は考えています。

目を閉じて「ヘソはどこかな」と思うと

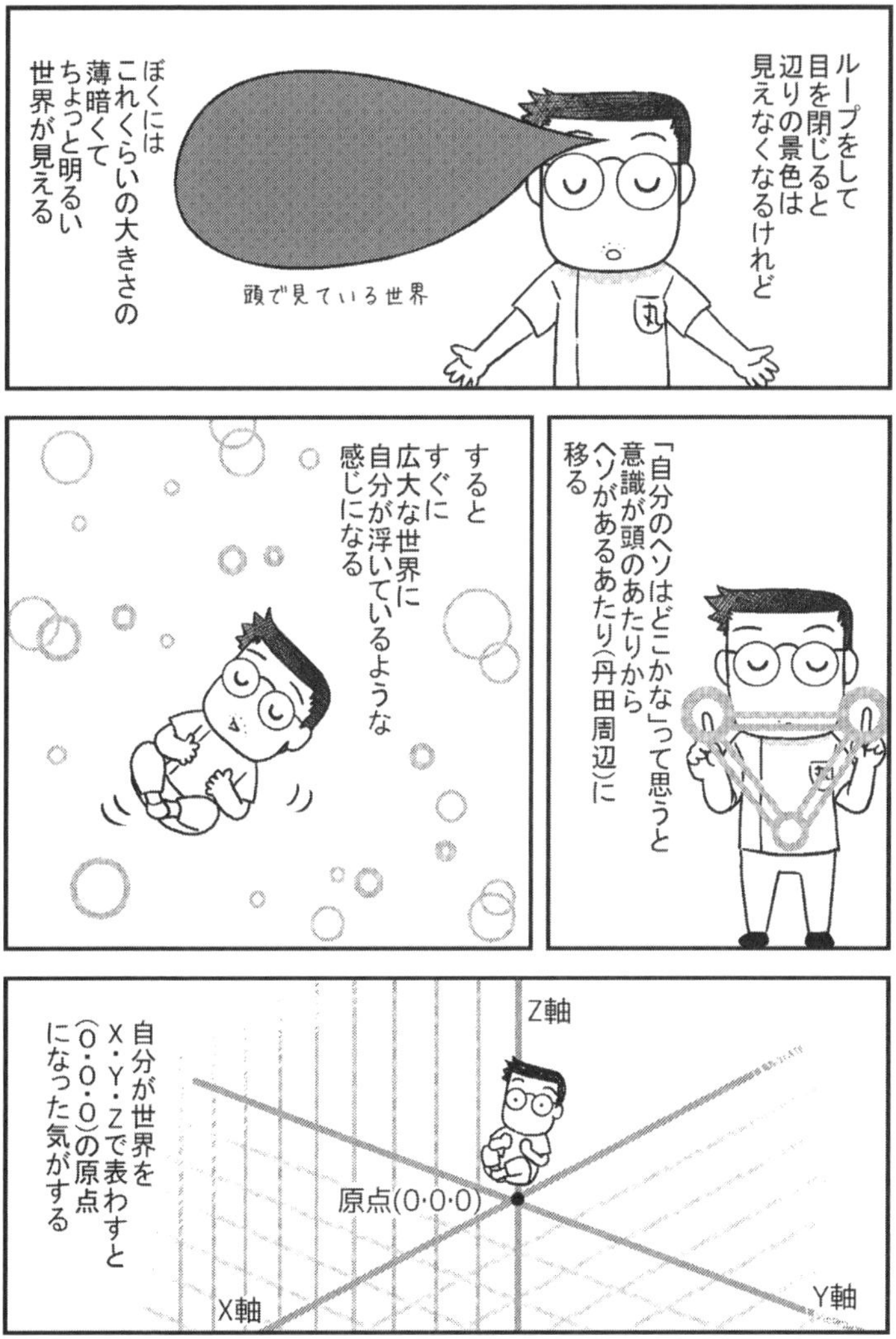
ループをして目を閉じると辺りの景色は見えなくなるけれど
ぼくにはこれくらいの大きさの薄暗くてちょっと明るい世界が見える
頭で見ている世界
「自分のヘソはどこかな」って思うと意識が頭のあたりからヘソがあるあたり(丹田周辺)に移る
するとすぐに広大な世界に自分が浮いているような感じになる
自分が世界をX・Y・Zで表わすと(0・0・0)の原点になった気がする
Z軸
原点(0·0·0)
X軸
Y軸

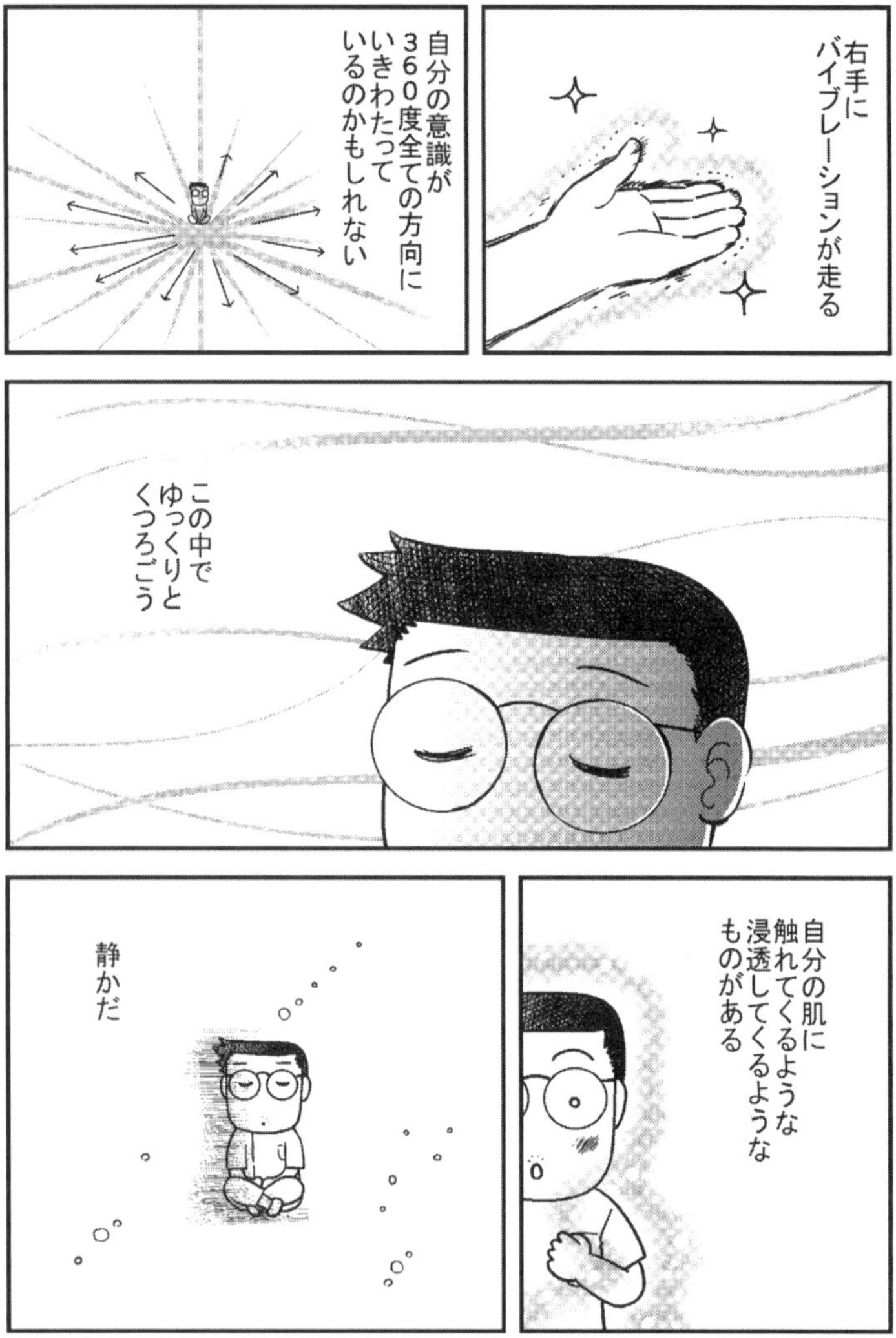
右手に
バイブレーションが走る
自分の意識が
360度全ての方向に
いきわたって
いるのかもしれない
この中で
ゆっくりと
くつろごう
自分の肌に
触れてくるような
浸透してくるような
ものがある
静かだ

光のループ

僕がループをはじめてしばらくたったころ、いつものようにループをしていると、フラフープのような、歪みのない美しい正円の輪のイメージが現れました。私と潜在意識とハイヤーセルフが握り合っている手の中を通るように、フラフープの輪が現れたのです。

フラフープのような輪は、柔らかな光の色をしているので「光のループ」と名づけました。

ループをしながら、軽く目を閉じて心の中で光のループだけに注目します。すると、潜在意識とハイヤーセルフが消えて光のループだけが視える場合があります。人によっては、光のループが視えてからも、潜在意識とハイヤーセルフも視え続けるという場合もあります。

視えなければ、イメージするだけでかまいません。視え方には、どれが正しいということもないし、視えなければ失敗ということもありません。

光のループをイメージしたまま、意識を自分のヘソがあるあたりに持っていきます。「自分のヘソはどこかな?」と思うと意識はヘソに行きます。すると、胸あたりにあった光のループがヘソのある高さまで下がります。

ヘソがあるあたりは丹田と呼ばれる氣が集まる場所なので、光のループの輝きが増すように視えます。また、光のループが呼吸に合わせて上下するように感じられることもあります。ただし、これらはあくまで僕個人の視え方であり、このように視えなければいけないということはまったくありません。

ループをする前やループをしている最中には何も期待しない、何も願わない、何も望まないようにします。考えることを放棄して、できれば無心に近い状態でいます。

もし何らかの思考や感情があらわれたら、ただ気づくだけにします。「気づくだけ」とは、青い空に浮かぶ雲が来ては去っていく様子を、自分がカメラのレンズになったかのように感情や思考を交えず見るように、思考が来ては去っていくのをただ眺めるということです。

これを30秒から3分くらい続けます。

その間、意識がループや光のループからそれてもかまいません。それているなと思ったら、ループや光のループに意識を戻すようにしましょう。

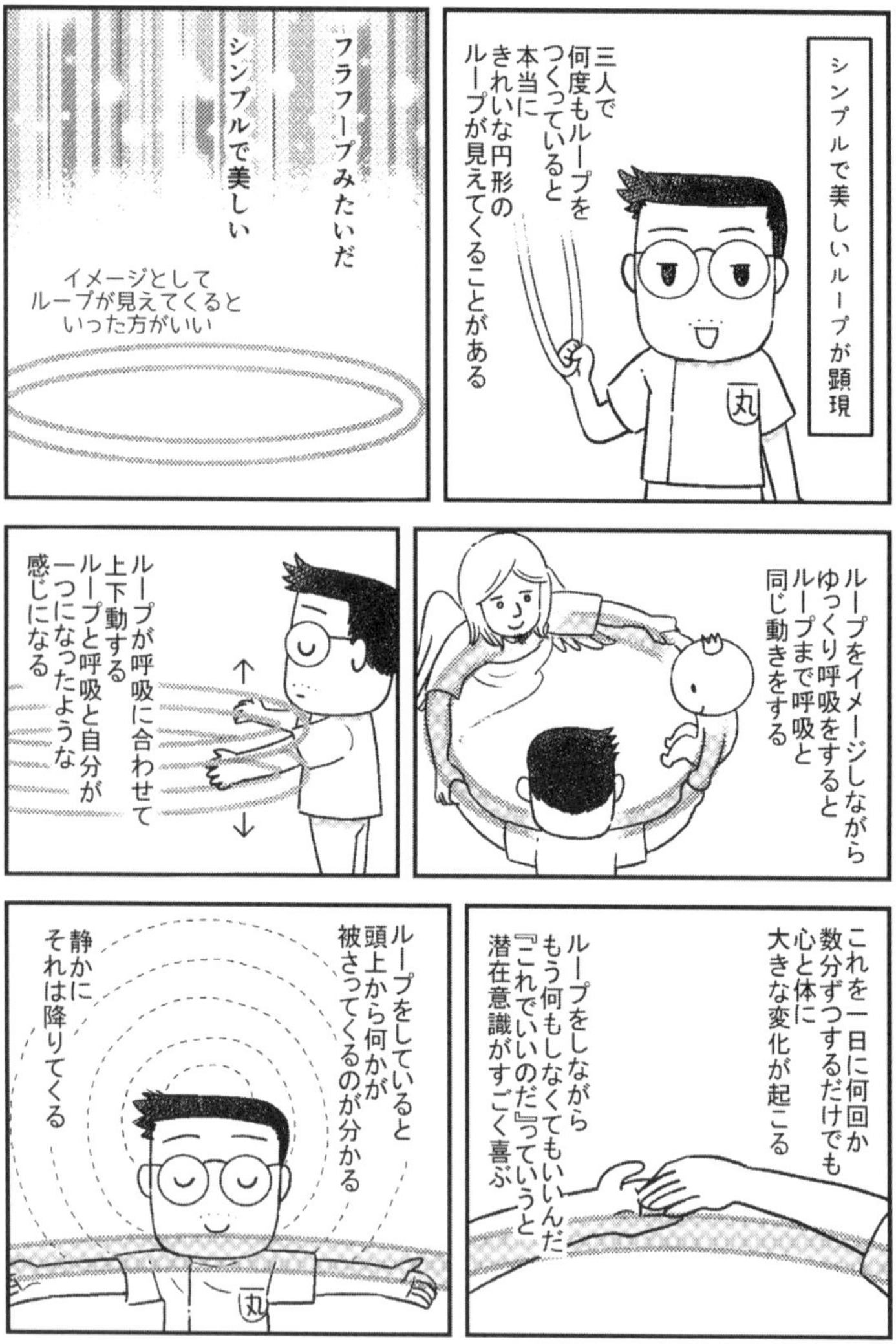
シンプルで美しいループが顕現
三人で何度もループをつくっていると本当にきれいな円形のループが見えてくることがある
フラフープみたいだ
シンプルで美しい
イメージとしてループが見えてくるといった方がいい
ループをイメージしながらゆっくり呼吸をするとループまで呼吸と同じ動きをする
ループが呼吸に合わせて上下動するループと呼吸と自分が一つになったような感じになる
これを一日に何回か数分ずつするだけでも心と体に大きな変化が起こる
ループをしながらもう何もしなくてもいいんだ『これでいいのだ』っていうと潜在意識がすごく喜ぶ
ループをしていると頭上から何かが被さってくるのが分かる
静かにそれは降りてくる

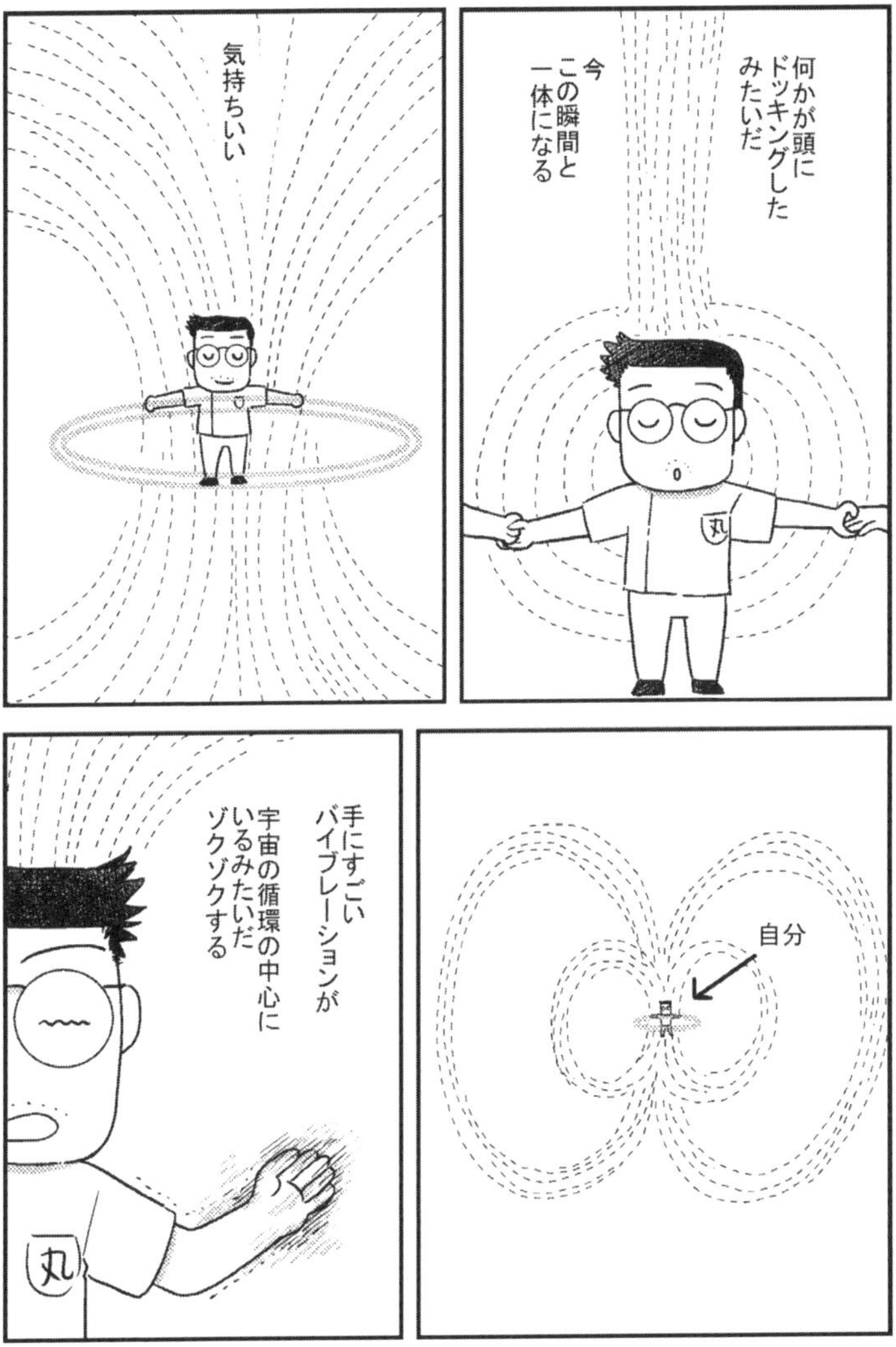
何かが頭に
ドッキングした
みたいだ
今
この瞬間と
一体になる
気持ちいい
自分
手にすごい
バイブレーションが
宇宙の循環の中心に
いるみたいだ
ゾクゾクする

⚜ 秩序と調和、静寂と無

ループを始めると、初めての人でも、イライラした気持ちがなくなり自然と穏やかな、くつろいだ気持ちになります。

それは、ループをすると、そこに秩序と調和が生まれるからです。秩序と調和は僕たちに安心、安全をもたらします。そのため、ループをすると安らかで穏やかな気持ちになるのです。

また、ループをしているうちに、「静けさ（静寂）」を感じるようになります。ループに意識を向けていると、ループ以外の部分には何もないこと、「何もなさ（無）」があることに気づくのです。

さらにループを続けていると、何かやさしいフィーリングのようなものが僕たちを満たすように浸透していきます。フィーリングや気づきは、僕たちの手に負えない痛みや症状、問題に対処してくれます。

すべての不調和は、ループをした時に現われる創造の源泉、純粋な気づきの中で、溶けてなくなります。

僕には不調和が、キラキラとしながら空に舞い上がる光に変わるように映ります。

ループの悟り

ループの中を
心の目で見るだけで
心が静まってくる
平和だぁ!!
ループの中では
完全な静寂
ループの中に
意識を向けると
胸がすく感じがする
ループの中は
何もない「無」
あぁ
何もないって
気持ちがいい
どうして静寂に
平和を感じて
どうして
何もない無を
気持ちいいと感じるか
わかるかい
ぼくには
どうしてかわからない
知ってるなら教えて
完全な静寂
無
安らぐ

それはね
「人の本質」が無や
静寂だからなんだ
無や静寂は
何もなかったり
動きがないように
思えるけど
無には
あらゆるものを
創造する力や
秩序がある
そして
静寂は
あらゆるものを
支える働きがあるんだ
無
そして
無や静寂は
君という
意識の本質なんだ
難しくて
すぐには
理解できないかも
大丈夫
ループをしていれば
いずれ心の底から
わかるときがくるから
君がすでに
それそのものだから
ループをするだけで
全ては明らかになるよ
本質

自分の問題を解決する

ループに慣れてきたら、ループを使って自分の問題を解決してみましょう。ループの中に自分が抱えている問題を入れる様子をイメージします。それだけで問題解決のプロセスが始まります。

自分自身をクリアにしたい時には、自分自身をループに入れるイメージをします。鉄棒で前回りをするときのようにクルッと入ります。

ループを維持しながら、自分はループの中にいるとイメージしましょう。

フィーリングが出てきたらそこに意識を集中させます。考えや思いが出てきた時には、ただそれに気づくだけで、それらを追いかけないようにします。

これを続けていると、やがて何も感じなくなる瞬間が訪れます。「無」や「静寂」の状態です。

問題が解決し、自分がクリアになったところで、自分の願いや望みをループに入れることをイメージします。

この時大切なのは、ループを維持しながら「今この瞬間、すべては完全である」と感じることです。

そうすることでシフトが起こって「在りよう（目の前の状態や現実）」が変わり、ループの中や周りにある不完全なものが完全になっていきます。

ループの最後は、潜在意識やハイヤーセルフとつないでいた手をゆっくりと放していきます。花のつぼみが開くように、ゆっくりと握っていた手を開くのです。

つかんでいたものをすべて手放して宇宙にゆだねるような気持ちで手を開きます。

すると、光のループは消えます。

心の中には何もなくなります。

静かです。無や静寂を感じます。

でもそこには、満ち足りたフィーリングがあります。
この何もなさに続く無や静寂が「本当の自分」だと気づきます。

以上がループの基本なやり方になります。

ループを何かを得るためや、別の自分になるための手段として用いるのではなく、ループをすることを目的として日々楽しむとき、期待以上の変化が起こります。

自分の問題を解決する

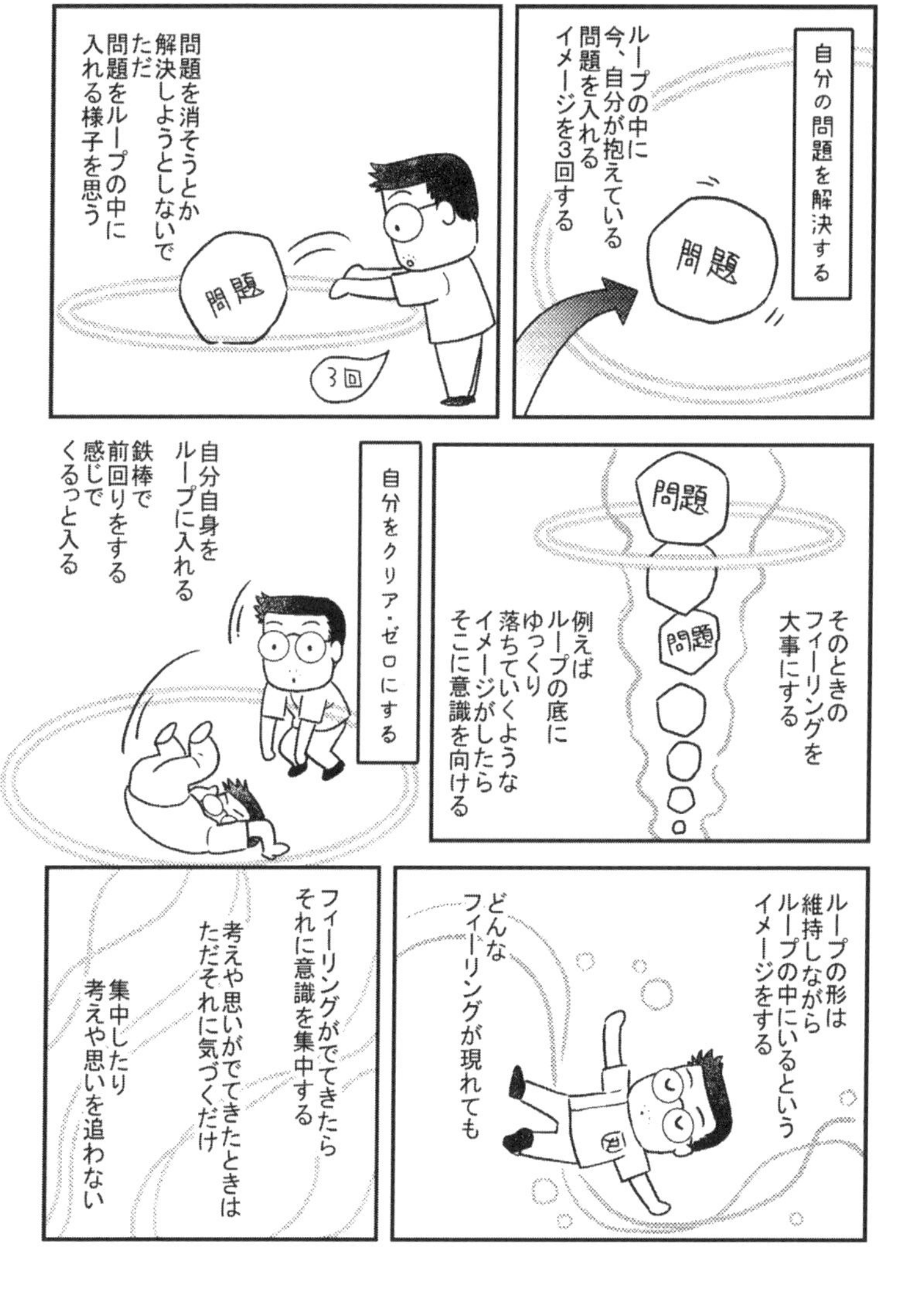
自分の問題を解決する
ループの中に
今、自分が抱えている
問題を入れる
イメージを3回する
問題
問題を消そうとか
解決しようとしないで
ただ
問題をループの中に
入れる様子を思う
問題
3回
そのときの
フィーリングを
大事にする
例えば
ループの底に
ゆっくり
落ちていくような
イメージがしたら
そこに意識を向ける
問題
問題
自分をクリア・ゼロにする
自分自身を
ループに入れる
鉄棒で
前回りをする
感じで
くるっと入る
ループの形は
維持しながら
ループの中にいるという
イメージをする
どんな
フィーリングが現れても
フィーリングがでてきたら
それに意識を集中する
考えや思いがでてきたときは
ただそれに気づくだけ
集中したり
考えや思いを追わない

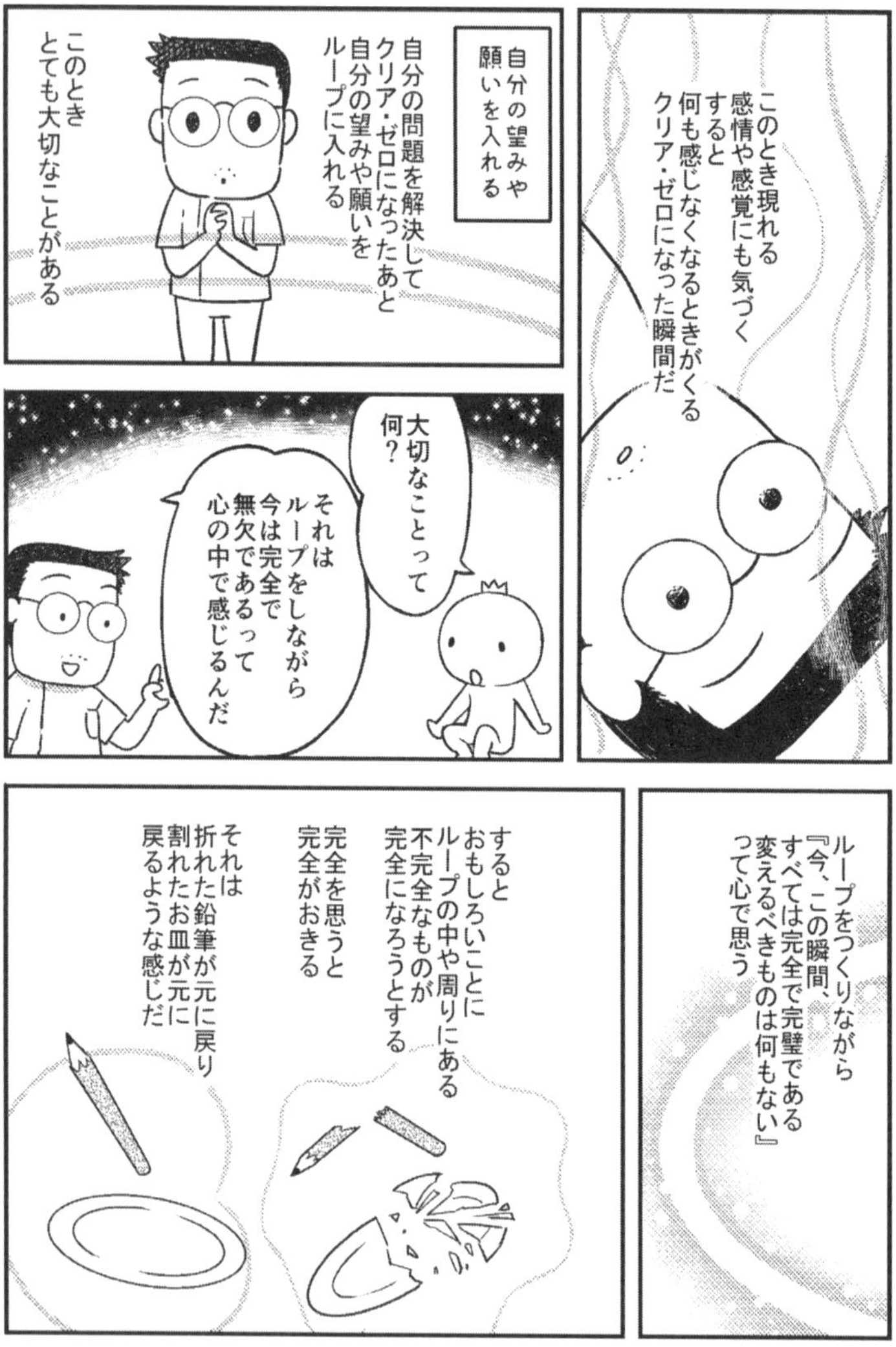
このとき現れる
感情や感覚にも気づく
すると
何も感じなくなるときがくる
クリア・ゼロになった瞬間だ
自分の望みや
願いを入れる
自分の問題を解決して
クリア・ゼロになったあと
自分の望みや願いを
ループに入れる
このとき
とても大切なことがある
大切なことって
何？
それは
ループをしながら
今は完全で
無欠であるって
心の中で感じるんだ
ループをつくりながら
『今、この瞬間、
すべては完全で完璧である
変えるべきものは何もない』
って心で思う
すると
おもしろいことに
ループの中や周りにある
不完全なものが
完全になろうとする
完全を思うと
完全がおきる
それは
折れた鉛筆が元に戻り
割れたお皿が元に
戻るような感じだ

これでいいのだ
天才バカボンの親父のように『これでいいのだ』って思うんだ
願い 望み 祈り
それからループの中に願い・祈り・望みを入れるイメージを3回する
くれぐれもループをするとき完全性を感じることを忘れないでね
わかったよ
あとの方でなぜ『今、自分のいる世界、状況が完全である』と思った方がいいのかを説明するね
完全!!

寝ながらループ

僕は寝るときにもループをします。

布団に横になりながら右手で潜在意識の左手を握り、左手でハイヤーセルフの右手を握ります。寝ながらループをする場合は、正円のきれいなループをつくろうとしなくても、ただ彼らと手を握り合うだけでループができます。

寝ながらループをすると、彼らとともにいる安心感からか、そのまま寝入ってしまうこともあります。

あるとき、寝ながらループをしていると、私の身体の右側、肝臓と腎臓があるところが痛み始めました。この部分は、以前から自分の弱点だと思っていた場所で、痛みがなくても常に重い感じがして気になっていました。

結局、この日もループをしたまま寝入ってしまったのですが、朝起きると弱点の場所の重い感じがすっかり消えていました。僕が寝てしまったあとも、潜在意識とハイヤーセルフが僕の手を握って、ループを続けてくれていたのかもしれません。

ループの基本は、自分と自分の潜在意識、ハイヤーセルフが手をつなぐことです。あなたも日常生活の中の様々な場面で、気軽にループをしてみてはいかがでしょうか。

いつでもループ

三人が手を結べば
ループになる
お散歩
しながらでも
ループはできる
湯船の中でも
ループはできる
いい湯だな～♪
ぼくは
寝るときも
ループをする
人生を
たった一人で
生きてるんじゃないって
わかるだけでも幸せ

彼らと
一緒にいること自体が
奇跡!!
ループをすると
奇跡が
普通になってくる
ミラクル
奇跡
ちゃりちゃりー
自転車に
乗っているときも
三人
自分と潜在意識と
ハイヤーセルフの
心が一つになる

⚜ 人間関係の改善

ループをするうちに、人間関係も改善します。

これまでに、あなたは誰かによってひどく心を傷つけられたことがあったかもしれません。逆に、あなたが誰かを傷つけたこともあったでしょう。

そんなとき、その誰かが頭から離れなくなってしまうことがあります。自分を傷つけた人の顔を思い出しては嫌悪と恐れを感じ、自分が傷つけた人の顔を思い出しては言い訳がましいことを考えたりします。

特に誰かからひどい仕打ちを受けた時には、その人の顔が目の前にちらついて何も手に付かなくなることもあるでしょう。

でも、そんなときにループをすると、その特定の人に心が囚われてしまっていたことがウソのようになくなります。そして恐れや憎しみ、怒りの感情が消えていきます。

家庭や職場、学校などの人間関係が生まれる場所で、潜在意識とハイヤーセルフとともにループをしている様子をイメージするだけでも、ループを実際にしたのと同じ効果が得られます。繰り返しループをしていくと、やがて人間関係で生じるネガティブな感情や思い、考えが浮かばなくなってきます。そして、人間関係に悩むことがどんどん少なくなっていきます。

ループを日常的に行うようにしていくと、その度ごとに人間関係で生じたマイナスの感情やエネルギーがループの中で溶けていきます。

ループをイメージしながら生活することは、人間関係をよくする最善の方法です。

人と接する限り、必ず好き嫌いは生まれます。でも、それを放っておくと、必ず悲惨な人間関係へと発展してしまいます。そうならないためにもループをして、人に対する不必要な思いや感情を消していくようにしましょう。

⚜ 症状が消えていく

ループをして、自分がクリアになったと感じたら、痛みや緊張、張りのある部分に意識を向けます。痛みや緊張や張りを取り除こうとせず、まるで我が子のように寄り添って、ただ一緒に「今」という瞬間にいるようにします。

すると、症状が、氷がとけていくかのようにゆっくりと消えていくのが分かります。

もし、何の変化も起きない時は、今、自分がいる状況、スペース全体に対して、心の中で「完全だね」と言ってみてください。大抵の症状は消えます。

ただ、時には症状の変化がまったく感じられない場合もあります。たとえそうだとしても、水面下では確実によい変化が起きているので、心配することなくループを続けてください。

ループをすると、瞬時に問題解決へのシフトが起こります。

ただし、目に見える結果は、時間をおいて現れる場合があります。病気や症状を起こす原因が消えても、結果が現れるまでに少し時間がかかるかもしれません。

ループの効果は、終わったあとも長く続きます。ですから、直後の結果にあまりこだわらないようにしましょう。

たとえば、ループの直後に膝の痛みが、改善されなかったとしても、一か月後に突然、痛みが完全に消えるといったことも十分あり得ます。

心の黒板とループ

人はみな心の中に黒板（のようなもの）を持っています。

その黒板に心のチョークで「病気、不幸、問題」と書けば、それらは本当に現実になります。その黒板に「健康、元気、幸せ、愛、美、智恵、友情」と書けば、それも本当に現実になります。
そんな黒板を人はみな心の中に持っています。ただ、ほとんどの人がそのことに気づいていないだけなのです。

さて、ここにがんにかかった人がいるとします。その人の心の黒板には、「がん、痛み、恐怖、不安、苦しみ、悲惨、抗がん剤への恐怖、抗がん剤の副作用」などと書かれています。もし、黒板に書かれていることを消さないでそのままにすれば、この人は間違いなく心の黒板に書かれたようになってしまいます。

黒板に悪い文言が書かれている場合、そうならないためにはいったいどうしたらよいのでしょうか？　答えは簡単、黒板に書かれた悪い文言を消せばよいのです。でも、どうやって消すのでしょうか？

黒板に書かれた悪い文言を消すにはいろいろな方法がありますが、僕が知っている限り、最も簡単なのはループをすることです。

なぜなら、自分がやるという意識がループのプロセスにはないからです。潜在意識とハイヤーセルフに完全にゆだねるという気持ちでループをすれば、そこには自分がループをやっているというエゴ的な意識が入る余地はありません。

潜在意識とハイヤーセルフと自分が手を取り合ってループをつくった段階で、気持ちの良いフィーリングが現れ、ループの周りの空間に無と静寂があることに気づきます。無は形のない純粋な気づきです。静寂はエネルギーのない純粋な気づきです。純粋な気づきの無と静寂が、黒板にある悪い文言を消し去ります。

ループによって心の黒板に書かれた悪い文言が消えると、ほとんどの場合、症状が消えます。がんの人であっても、その瞬間、ネガティブな感情、がんによる痛み、不安、身体のだるさ、場合によっては息切れや動悸まで消えてしまいます。

しかし、人の中にはエゴ的な意識があります。この意識が黒板に書かれた悪い文言が消えているのに気づくと、もう一度書き直してしまいます。すると、たちまち症状がぶり返します。
「やっぱりやっても無駄か」と思うかもしれませんが、再びループをすると再び症状が消えます。すると、エゴ的な意識がまたまた気づいて、悪い文言を書き直すのです。

何度も根気よく繰り返しているうちに、ある時エゴ的な意識が、「ああ、黒板に書くのは面倒くさいなあ」と思いはじめ、やがて悪い文言が消されても書き直さなくなります。すると、がんやそれにまつわる症状、不快さが消えたままになります。ループを根気よく続けた人の中には、がんの腫瘤《しゅりゅう》が柔らかく小さくなって消えた人までいます。

僕たちは、病気や問題が起きないように、普段から心に気づきを向け、黒板に悪い文言が書かれていないかをチェックする必要があります。
そして、もしエゴ的な心が黒板に悪い言葉を書いたのがわかったら、それを消す必要があります。

しかし、僕たちはどうやってそれをチェックするかを知りません。どうやってうまく消すかも知りません。

でも、大丈夫です。何も知らなくても、普段何もない時からループをしていれば、潜在意識とハイヤーセルフがそれに気づいて確実に消してくれます。

僕たちがすべきことは、彼らをループに誘うことだけです。

普段何もない時からループをしていると、病気や問題が生じたときに潜在意識とハイヤーセルフが素早く対応してくれます。そういった面でも普段からループをすることをお勧めします。

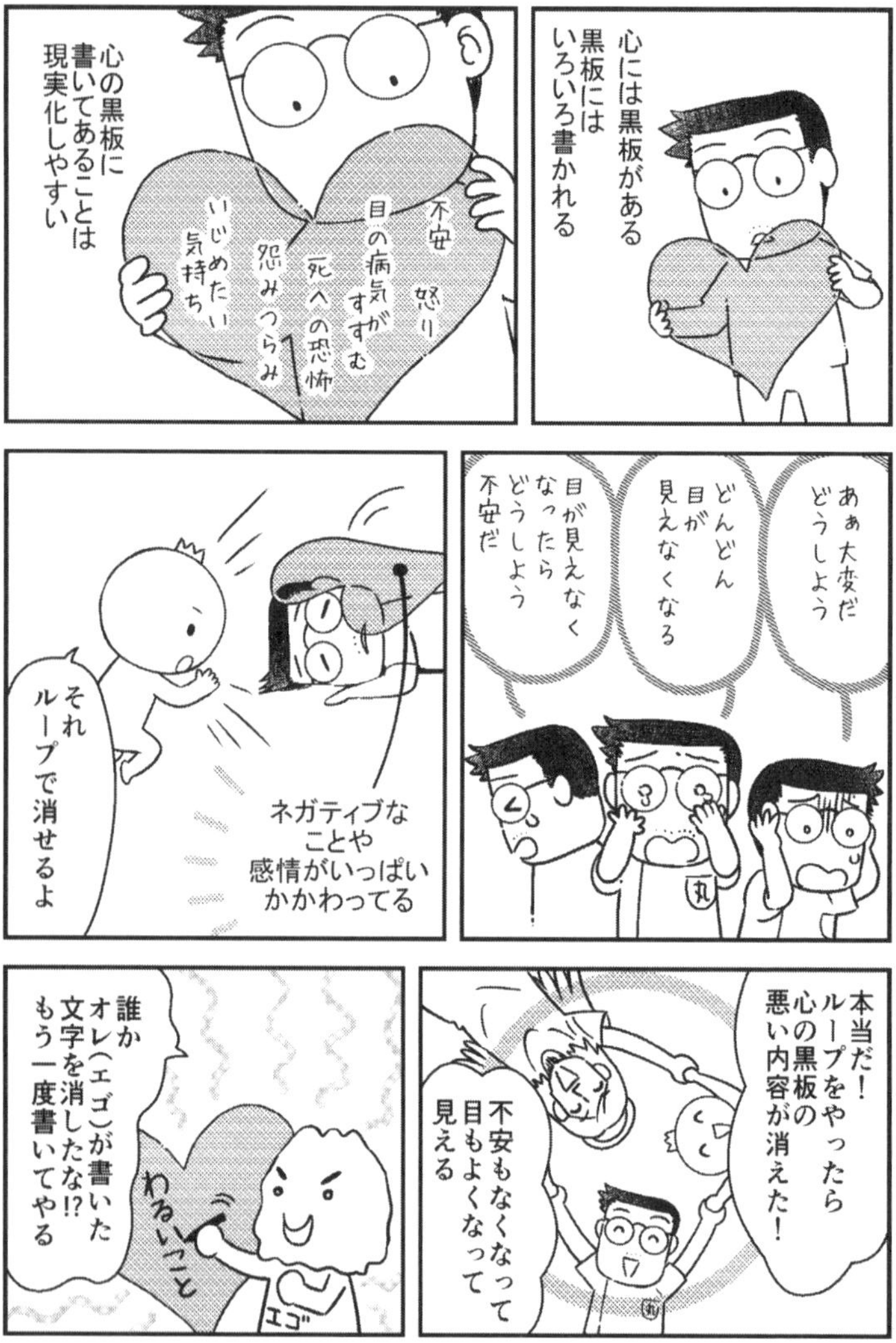
心には黒板がある
黒板にはいろいろ書かれる
心の黒板に書いてあることは現実化しやすい
不安
怒り
目の病気がすすむ
死への恐怖
怨みつらみ
いじめたい気持ち
あぁ大変だどうしよう
どんどん目が見えなくなる
目が見えなくなったらどうしよう不安だ
丸
ネガティブなことや感情がいっぱいかかわってる
それループで消せるよ
本当だ！ループをやったら心の黒板の悪い内容が消えた！
不安もなくなって目もよくなって見える
誰かオレ（エゴ）が書いた文字を消したな!?もう一度書いてやる
わるいこと
エゴ

また気分が落ちた
悪い事
もう一度ループをやったら
よしよし
いんちょー
スッキリ
またよくなったよ
エゴ
あれ!? 悪い事書いたのにまた消えてる
また書こう
悪いこといっぱい
落ち込む…
またループする
スッキリ!!
エゴ
スッキリ
また消えてる!

何度も悪いことを書くのがめんどくさくなった
エゴ
カラン
心の黒板はそっとしておこう
なんだか知らないけど突然不安や悲しみが消えて心が軽くなった
軽
エゴが心の黒板に悪いことを書くのをあきらめたからかも!?
また書きにくるかもしれないからときどき心の黒板を見ないとね
わかったときどき心の黒板を見るようにするよ
ループを気がついたときややりたいときにやるといいね
ループは心の黒板クリーナー

光のループを操作してみる

光のループ自体は単純なものですが、大きくなったり、小さくなったり、太くなったり、細くなったり、二重になったりと、様々に変化します。

光のループの変化の仕方は人によって様々で、まったく変化しない場合もあります。

どのようであっても完全なのですが、僕の場合、光のループを重く感じたり軽く感じたりします。光のループが天空に向かって上がっていくときもあります。地球の中心に向かって降りていくような時もあります。


はじめのうちは、光のループを操作しようとしないで、光のループが自由に変化するのを見守ります。光のループを自由に遊ばせます。この遊びが大切です。

しばらくして光のループに慣れてきたら、自分の意志で操作することを楽しみます。

回転させたり、ループを巾着のひもを絞るように小さくしたり、宇宙よりも大きくしたりしてみてもよいでしょう。

光のループをどんどん際限なく広げていきます。光のループを今いる部屋いっぱいに広げます。さらに広げて水平線まで広げます。日本の大きさくらいに広げます。さらに地球の大きさくらいに広げます。もっと広げて銀河系くらいの大きさに広げます。

そうすると僕の場合、光のループの上の方にある空間が変化しました。まるで光のループの上の空間が、光のループの引力によって光のループの中に引っ張られていくように変化したのです。

空間は、はじめはゆっくりと、その後は徐々に速度を増して光のループの中へと落ちていきます。

これは僕が故意にイメージしたものではなくて、自然に生まれたイメージです。

光のループの上の空間が光のループを通過し、下の方に向かって吸い込まれるように消えていきます。光のループの下方は奈落のように底なしに見えます。すると、詳しくは後述しますが、光のループの中の人の症状が高い確率で消えていきます。

イメージについては個人個人で異なると思います。必ずしも同じようにイメージする必要はありません。ただ現れたイメージを見るだけです。イメージが現れない時はそのままにします。かえってその方がよい場合もあります。

ループをするときの注意点として、一度現れたイメージをもう一度再現させようとしないことです。現れるイメージをただ眺めるのはいいのですが、それに囚われないようにします。

光のループの変化に、期待も目的も必要ありません。何の目的もなく、ただ光のループを操作する時、遊びが生じます。遊びとは、空白です。あらゆる可能性が生まれる空白が生じるのです。

あらゆるものを光に変換する特異点

患者さんにループをしていると、時折、患者さんの頭上から竜巻のような形をした渦が降りてくるように視えることがあります。その渦は、ループの中へピューッと吸い込まれるように消えます。そしてそれと同時に、間違いなく患者さんの症状は消えます。それはまるで、何かがブラックホールに吸い込まれていくようです。その何かとは、おそらく患者さんの症状や病気の原因となっていた記憶・データではないかと、僕は考えています。

ループをすると生じる渦には方向性があります。渦が下方から上方へ向かうときは左回転し、上方から下方へ向かうときは右回転します。ループをした人の中には、渦の方向が切り替わる様子が分かる人もいます。

ループの中は、底なし沼のような無限の空間が広がっています。その空間は、どんなにたくさんのものでも、どんなに大きなものでも簡単に収納してしまう器、無限の容量を持つ器です。

この中であらゆる必要なものが生まれ、あらゆる不要になったものが光へと変換されていきます。変換された光は、ループの内外を循環し、何かが創造される時の材料として使われます。

ループをすると、その様子がわかることがあります。真理を知ると、静かな喜びが生まれます。

宇宙には、何でも吸い込み消してしまうブラックホールというものがあります。ブラックホールは光を含め、すべてのものを飲み込み無（実際は光）に変えます。

僕は、ブラックホールは宇宙だけにあるのではないと思っています。ブラックホールは、僕たち人間の意識の最も深いところにもあると思うのです。

ブラックホールは朝顔の花のような漏斗《ろうと》状の形をしています。ブラックホールの一番深いところ（底）には、あらゆるものを光に変換する特異点という場所があります。

僕たちの意識の深部のブラックホールの特異点が、光のループです。光のループに向かうものはすべてその中に飲み込まれ、光のループを通過すると形のない光に変わります。光のループで起こることと、宇宙にあるブラックホールで起こることは同じ仕組みになっています。

宇宙のブラックホールは、破壊と再生の循環を司っています。意識の深部のブラックホールにある光のループも破壊と再生の循環を司ります。

ループをすると、特異点の間近という特等席から創造と再生と破壊を眺めることができます。

うまくいってもいかなくてもいい

ループをして癒されていくととても嬉しいし、その体験は面白くて楽しいものです。

ただ、時に問題が生じることがあります。ループをするうちに、心の中で「ループ＝治す」という構図ができてしまうことがあります。そうなるとループをしても楽しくなくなります。すると、急に治せなくなるのです。

こういう時には、治療にループを使うのをいったん中止します。ループをすることそのものを目的にして、ループをすることで起こる変化やフィーリングを楽しむようにします。

このような気持ちでループをするようになると、やがて問題は消えます。その結果、ループをすることで、再び人を治せるようになります。

ループは気持ちがいいからするというのが基本です。はじめからループで病気をがんばって治そうとか、問題を解決しようとするとループがうまくいかない場合がありま す。それは、何とかしようとする気持ちがエゴ的な心を招き入れてしまうからです。

病気や問題をループで解決したい場合には、病気や問題を解決したいという意図を紙に書きます。そのあと、紙に向かってループをします。このようにすることで、エゴ的な心が入りにくくなり、ループがうまくいきます。

そもそも病気の治癒や成功、目標達成は副産物、言ってみればこれらはオマケなのです。ループをするときの心のスタンスは、うまくいってもいいし、うまくいかなくてもいい、どちらでもいいという心の持ち方です。これはプラスにもマイナスにも傾かない中庸という心の在り方です。

中庸とは、仏陀の悟りです。何が起ころうと「創造のすべてにおいてすべてよし」ということです。

あらゆる出来事には人智を超えた尊い意味があります。普段の生活の中で中庸を心がけると、やがて自分がループをしなくても潜在意識とハイヤーセルフがループを率先してやってくれるようになります。

ループをすることを目的とする

良い結果
ドドー
ループをすると
その副産物として
君が願うこと以上の
予想もしない
良い結果が起こってくる
願いや欲求・期待には
エゴ的な思いが
どうしても入ってくる
エゴが出てくると
ループがうまくいかない
えいっ
期待
欲求
なるほど
なるほど
ループをすること自体を
目的にすると
エゴが介入する
余地がなくなるからか
丸
そうすると
ループがうまくいく

結果も功績も完全にゆだねる

ループを行えば行うほど、僕たちと潜在意識、ハイヤーセルフとの信頼関係は日増しに深まります。

そして、些細なことに対しても、どんどんループをしていくと、その頻度に比例してループによる変化（シフト）が起こりやすくなります。

このようにループを習慣にすると、何か問題が生じたとき、自分からループをしようと言わなくても、潜在意識とハイヤーセルフのほうから進んでループをしてくれるようになります。その結果、知らない間に症状が消え、病気が癒されます。僕たちが内に秘めている願いもかなえてくれます。

ただし、ループをすることでどんなに良い結果が出ても、どんなにすばらしい癒しが起きても、自分の功績にしないことが大切です。

それらを起こすのは、三位一体による気づきです。自分はただ奇跡が起こる瞬間に立ち会う意識だという謙虚さがループを成功させます。結果も功績も完全に彼ら（潜在意識とハイヤーセルフ）にゆだねましょう。

どんなにすばらしい奇跡が起きようとも自分の功績にしないのには、理由があります。少しでも自分の功績だと思うとエゴが出てきて、ループが完全な奇跡を起こせなくなってしまうのです。

第3章

大切な人にループをする

ループにできる最大の癒しとは

ここからは、自分以外の人にループをする方法について述べていきます。

大切な人の体調が悪くなったり、身体に不安や問題があるとき、ループをすると改善することがあります。


ループをすることでステージ4の末期がんが治癒したケースがあります。

8年前、大腸がんが見つかり、肝臓に転移した40代の女性が来られました。がんが見つかったのは8年前に腸閉塞を起こしたことがきっかけでした。その時診察した医師から、病院に来るのがあと30分遅れていたら命はなかったと言われたそうです。

がんになった当初は、抗がん剤治療や手術をしたのですが、2年前に再発し、もう抗がん剤治療はやりたくないということでクリニックに来られました。そこで僕はこの方のパートナーに、後述する立体カバラを使ったループのやり方を伝えて、毎日何度も行うようお願いしました。
さらに、夜、寝るときには、電磁波の悪影響を少なくするようにしてもらいました。

こうして、数回クリニックに来られたのですが、その後来られなくなって一年以上が経ってしまいました。とても重症のがんだったので、もしかすると悪化して動けなくなったのか、それとも亡くなられてしまったのではないかと心配していたところ、大腸がんも肝転移も消えたということを報告するために来院してくださったのです。

抗がん剤治療もせずサプリメントなども使わずに、立体カバラによるループと電磁波対策で治ったのですから驚きです。

このケースは僕が診察時に行ったループと電磁波対策が著しく効果を示した例だと思われるかもしれませんが、僕はパートナーの方が深い愛をもって繰り返し行ったループこそが、彼女を奇跡的に治したのだと思っています。

ほかにも、乳がんの女性が立体カバラを使ったループだけで症状が良くなり、さらに抗がん漢方を服用することで腫瘍マーカーが下がって元気になったケースもあります。

ただし、特に症状の重い病気について言えることなのですが、ループをしさえすれば治るといったことは決してありません。

ループをすることで、現代医療との間に相乗効果が起こり、治癒のプロセスが進んでいきます。また、現代医療にかぎらず、鍼灸やエネルギー療法、ヒーリング療法など、様々な治療法とも相乗効果を起こします。

ループによって深い癒しが起こると、治癒にかかる時間が短縮し、治療効果が増すのです。

したがって、これは自分でループをする時にも、人にする時にも言えることなのですが、ループをすることで痛みなどの症状が消えたり、病状が良くなったりしても、自己判断で受けている治療を中断することなく、必ず医師などの専門家の診察を受けるようにしてください。

そして、然るべき治療を受けながらループをしたとしても、もちろんすべての人のがんが治るわけではありません。特に末期がんの人の場合には、ループをしても治らない方もいらっしゃるでしょう。

しかし、ループをすることによって多くの人の病気や死に対する不安や恐れが癒され、心の中に真の安らぎが生まれることもまた事実であり、それこそがループにできる最大の癒しなのです。

ループを受ける人の準備

ループを受ける人の準備として、たとえばリラックスしたり、深呼吸したり、集中しようとしたり、瞑想をしたりする必要はありません。

心の中で目的や期待、望み、意図を強く持つ必要もありません。これはループをすることによって「自分の○○が○○しますように」などと強く願う必要がないということです。

ループを受ける人は、ただ心を自由にさせておきます。椅子に座るか、あるいは立った状態で、心地よくしていれば良いだけです。

ループに慣れるまでは目を閉じていた方がよいかもしれません。ループに慣れてきたら、目は開いていても閉じていてもかまいません。ループがいつ始まるのかヤキモキしてしまう場合は、自分の呼吸に意識を向けるとよいでしょう。

ループをする時に必ず、「生まれてはじめてループをする」と宣言するということは前述しました。この時、ループを受ける人も「生まれてはじめてループを受ける」と宣言します。宣言は心の中でも、口に出してもかまいません。

人にはエゴの意識があります。エゴの意識は、初めてすることには口出ししません。ところが、2回目以降になると、過去の経験に照らし合わせて「これはもう知っている」と知ったかぶりをするのです。

そして、僕たちがループをするたびに心の中で、「おいおい、またループをするのかい？

大した効果もないのに」などと言ってきます。すると、僕たちはループが楽しくなくなり、当然効果も減ってしまいます。

「生まれてはじめてループをする」「生まれてはじめてループを受ける」という宣言は、エゴの意識による妨げが起きないようにするためです。

ループをするときのコツってある??

エゴには
ループの本質である
「無」や「空」の
「静寂」
「純粋な気づき」を
理解できないんだ
エゴ
静かにしていることや
じっとしていることは
大キライ
ループを
はじめてやることには
何も言えないんだ
しーん
お初でっか
でも一度でも
体験したことは
ムチャクチャしてくる
ハハハ
もう知ってるしー
エゴは
そんなの知ってるって
いばりたいんだ
なるほど！
だから
「生まれてはじめて
ループをやる」って
思うことで
エゴが何も言えない
ようにしているのか!!
お初がスキ
うん

人にループをする方法

自分以外の人にループをするには、まずはループをする側が、自分のループをつくります。

やり方は、前章で紹介したとおりです。

心の中で潜在意識とハイヤーセルフに「ループをしよう」と伝え、両手を彼らに向けて差し出し、彼らの手が自分の手に重なるのを待ちます。大体、30秒から1分くらいで手と手が結ばれます。

その時、僕はいつも自分の潜在意識とハイヤーセルフに「愛しているよ、ありがとう、君たちは完全だね」と伝えます。

3人でループを維持しながら、軽く目を閉じて、「自分のヘソはどこかな？」と思います。するとと、意識が頭から丹田に移動します。呼吸も自然と深くなります。その状態でしばらく（30秒から数分くらいの時間）くつろぎましょう。その間、眠くなったら眠いままにします。自分の潜在意識とハイヤーセルフを感じるならば感じるままにします。光のループが現れることもあります。それが大きくなったり小さくなったり、さまざまに変化する場合もあります。何らかの思いや感情、感覚、考えが現れることもあります。無（何もなさ）や静寂（静けさ）、フィーリングが現れることもあります。今、この瞬間の完全さに気づくこともあります。

今、この瞬間の中でくつろぎながら、ループのプロセスを完全に潜在意識とハイヤーセルフにゆだねます。

ループを受ける人は、両方の手の人差し指を立てます（135ページのマンガを参照）。すると、それがアンテナの役目をしてループの作用が正確に伝わります。ループを受ける人の多くが、指を立てると指先がじんじんする、指先がしびれる、指先から身体に何かが伝わってくるというようなことを感じられます。もちろん、何も感じなくてもかまいません。ループを受ける人は、この姿勢をとり続けます。

次に、治療を受ける人がループの中心に来るようにしてループのプロセスを行います。

ループをする人は、自分がつくったループの中心に受け手が位置するように、ループの位置を調節します。調節といっても、ループの受け手がループの中心にいると思うだけです。

その後は、受け手がいることを忘れるくらい今にくつろぎます。この時大切なことは、ループの中にいる人を良くしようとか、症状を消そうとか、治そうなどといったことを思わないことです。

ループをしながら、その瞬間の完全さを味わい楽しみます。たとえば、一流の陶芸家が完全で完璧な器を作陶できた時、その器の完全性、完全さに惚れ惚れとするように、ループをしている今、この瞬間は完全であって、変えるべきことなど何もないとしみじみ思います。これだけで大きな変化が起きます。

治療を受ける人をループに入れると、ほとんどの人が温かいを通り越して身体が熱いと言います。数十秒で顔から汗がしたたり落ちる人までいます。

肩の痛みやコリがなくなる人もいますし、両手首と足首に痛みを訴えていた関節リウマチの人の痛みが、それ以来半減するということもありました。

がんで何らかの痛みがある人をループの中に入れると、痛みが跡形もなく消えるということもあります。がんで痛みがある人に僕がループをした場合、１００人中90人くらいの割合で痛みが消えます。

ループをすると、自分の身体や患者さんの身体がひとりでに動くか、揺れること（自動運動）があります。それはループがうまくいっているサインになります。そのようなときにはその動きにゆだねます。

ただし、なんの動きも生じないからと言って、うまくいっていないというわけではありません。

人にループをする

患者さんをループの中に入れる
ぼくはループの中に患者さんを入れて治す
ループの中では人の身体は100%変化する
たとえばこんなとき
乳ガンのところが痛い〜
大変だ！
なんとかしなくては
でも痛み止めの麻薬もないよしループだ
ループの中に治したい患者さんを入れるイメージをする
ループをしながら意図を心に思う「今目の前に強い痛みを訴えている人がいるでも…ループをしている今この瞬間は完全だよね」と思う
ワー
ギャー
そのあと相手や相手の症状ではなくループや自分の呼吸に集中する

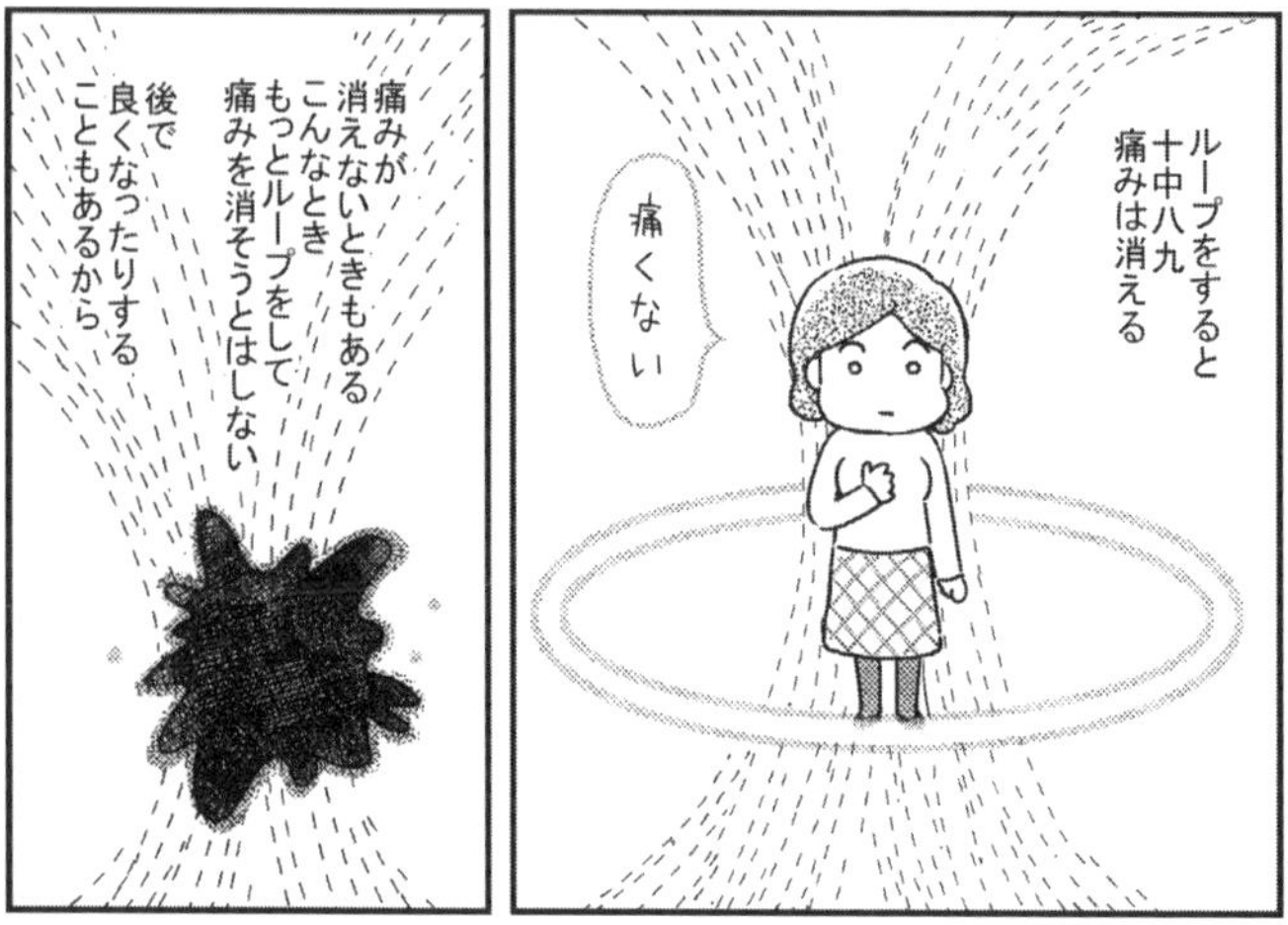
ループをすると
十中八九
痛みは消える
痛くない
痛みが
消えないときもある
こんなとき
もっとループをして
痛みを消そうとはしない
後で
良くなったりする
こともあるから

ループの力を集中させる
ループの中の人に両手の人差し指を立ててもらう
すると立てた指がアンテナの役目をして
ループの作用が中にいる人に集中する！
人差し指
通常のループの中に入れても取れなかった痛みなどが指を立てるだけで消えることもある
(親指は隠す)
自分でループを作って自分をループの中心に置くということもできる
いつものように3人でループを作る3〜5分つくるといい
その後Ⓐの位置から自分でループの中に入る
A

⚜ 心身に対するループの効果

実際に臨床場面で使ってみると、ループの守備範囲はかなり広いようです。

ループは高い確率で、痛みや苦痛を軽減し治癒を促します。即効性があり、特定の病気や不調に対しては現代医療をしのぐ効果を発揮する場合もあります。

ループは治癒のフィールド（不調や病気を治す場・時空）を素早く人の周りに創り出します。

ループ初心者であっても、痛みや苦痛を持つ人の大半を改善または治癒に向かわせることができます。潜在意識とハイヤーセルフの功績には、目を見張るものがあります。

ループをしていると、受ける人のどこを治せばいいのかという情報を受け取ることがあります。その情報は僕の身体に、痛みとして現れる場合もあります。

たとえば、腎臓が悪い患者さんにループをすると、僕の右の足裏の中指の付け根より2センチほど後ろの部分に痛みが走りました。そこを押してみると、患者さんも自分も痛みを感じるのです。

この部位が、目の前のループを受ける人の腎臓を改善させるツボであることが分かった僕は、患者さんにそのツボを刺激してもらうように伝えました。

このように、ループをすると、患者さんの治療に必要な情報を様々な形で受け取り、患者さんに伝えることができます。


ループは高い確率で痛みや苦痛を軽減し治癒させるだけでなく、時に奇跡的な治癒を起こすことがあります。

たとえば、現代医学ではまだ治療法がないような遺伝子の病気に対しても、即座に著しい効果を示すことがあります。また、がんの痛みだけではなく、がんそのものに働きかけて病状をよい方向に変化させることも少なくありません。


さらに身体的な症状や病気だけではなく、精神的な病気や不調にも効果を示すことがあります。もちろん、高血圧や糖尿病などの成人病も、日々ループを継続して行うことで改善していきます。

ループは身体の痛みだけでなく、心の痛みも取り除きます。

ループをすると、心の痛みを持つ人の不調和をゼロにすることができるのです。

ループをする人は、ただいつものプロセスを開始するだけです。

ループをすると、受ける人の感情的なストレスの原因が何かわからなくても、心の痛みが癒されます。

個人的な心の痛みの原因を聞かなくても良いので、相手のプライバシーを侵害することもありません。相手の感情的なストレスの内容を聞くことによって、自分の心を消耗させてしまう心配もありません。

遠隔ループ

ループは目の前にいない人に対しても行うことができます。これを「遠隔ループ」といいます。

やり方はとても簡単です。

ループを受ける人をイメージして、その人が目の前に立っている状態をありありと想像します。そのあと、あなたがイメージした相手にループをします。まるで相手がそこにいるかのように、ループのプロセスをすべて行いましょう。

このときに必要なのは潜在意識とハイヤーセルフに完全に委ねること、ただそれだけです。

潜在意識とハイヤーセルフを目覚めさせる

ループをすることによって、ループを受ける人の潜在意識とハイヤーセルフを目覚めさせることができます。

これは画期的な方法です。というのも、ループを受ける人が潜在意識やハイヤーセルフのケアをまったくしてこなかった場合でも、この方法をとることでその人の潜在意識とハイヤーセルフがはっきりと目覚め、積極的にループに参加してくれるようになるからです。

やり方は簡単です。ループをする人は、自分の潜在意識とハイヤーセルフがループを受ける人の身体の胸の中央あたりで手をつなぐようにイメージします。これでループをする人のループの円周上に、ループを受ける人の身体がくるようになります。（144ページ参照）

このときループ受ける人とループをする人、ループをする人の潜在意識とハイヤーセルフの4人が一つのループの円周上に位置します。このまましばらくループを続けていると、受ける人の潜在意識とハイヤーセルフが目覚めます。

ループを受ける人の潜在意識とハイヤーセルフがいったん目覚めたあと、ループをする人は、ループを受ける人とその潜在意識とハイヤーセルフに、必要なときに自分たちだけでもループがつくれることを伝えます。

そうすると、ループをする人がループを受ける人に、常にループをしなくてもよくなります。受ける人がループに関して何の知識がなくても、受ける人の潜在意識とハイヤーセルフがループを完全な形で行い、健康状態や心の状態を整えてくれます。

潜在意識とハイヤーセルフを目覚めさせる

ぼく（丸山）の潜在意識と
ハイヤーセルフが
Aさんのハートで手を結ぶ
こんな感じで
ループを作る
どんな
感じですか？
ハートの
あたりが
あったかくて
気持ちがいい
Aさんの潜在意識と
ハイヤーセルフは
はっきりと
目覚めた!!
ぼくは言う
Aさんの
潜在意識くん
ハイヤーセルフさん
これからは
「Aさんと三位一体
一つとなってね」って

第4章

立体カバラでループをより確実に

立体カバラのパワー

これからループの癒しの力をアップさせる方法についてお話しします。

西洋のカバラ神秘学には、「生命の樹」というシンボルがあります。このシンボルは平面図として描かれていますが、実際は立体を平面図にしたものです。

そこで、僕はこのシンボルを本来の形である立体に戻すことにしました。そうしてできたのが、立体カバラ模型（以下、立体カバラと略します）です。

人の頭の中心に立体カバラを置くと、天から光の柱が降りてきて、人の身体を一直線に貫き、地球の中心に向かいます。地球の中心に到達すると、光の柱は反転して再度人の身体を貫き、天に戻っていきます。僕にはその様子が視えます。

すると、ほとんどの患者さんが「身体が熱くなった」「何かが天から入ってきた」と言います。そして、それまであった症状が即座に消えます。立体カバラには、人を真に癒す力があるのです。

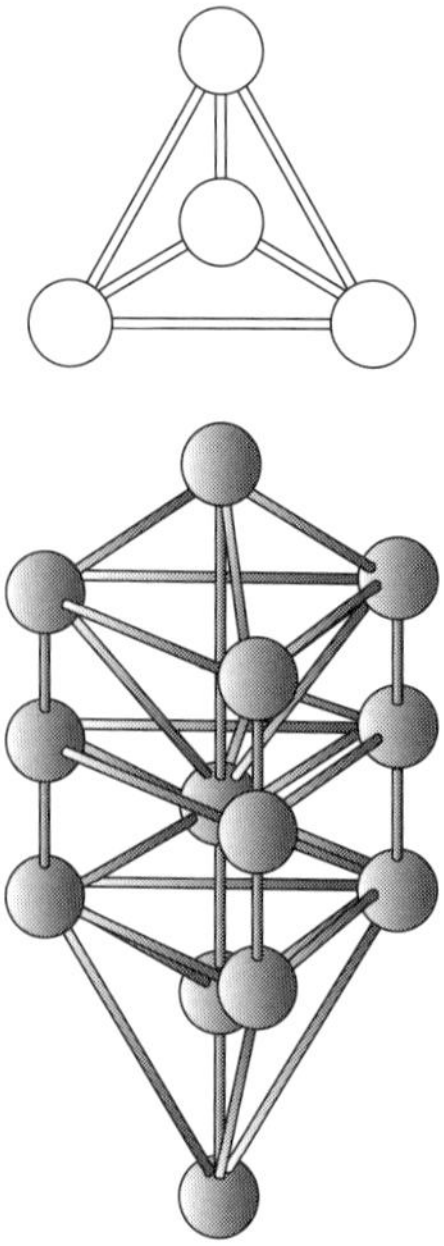

立体にした生命の樹

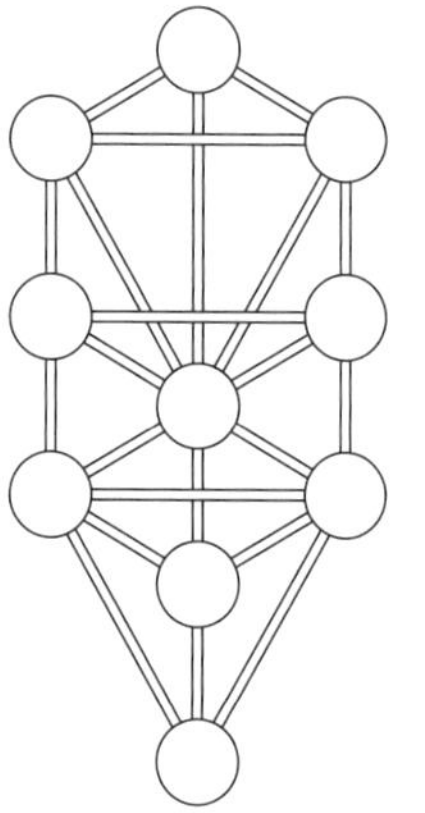

生命の樹

これは気功などとは違う、人の癒し方です。

気功では、訓練した気功師が氣を送ります。一方、立体カバラの場合は訓練しなくても誰でも簡単に光の柱を降ろすことができます。


立体カバラをつくって間もないときのことです。

立体カバラを右手で持っていると、そばに誰もいないのに僕の右耳のすぐそばで人の声がしました。男性の声で「アーロンの杖」と言っているように聞こえました。

僕は驚いて、すぐに「アーロンの杖」について調べてみました。すると、旧約聖書の出エジプト記で、何十万人もの人たちを率いてエジプトを脱出したモーゼが、海を真っ二つに割ったときに使った杖のことでした。

数千年の時を経て、アーロンの杖が現代によみがえったということでしょうか。真偽のほどは分かりませんが、すくなくとも、アーロンの杖と同等の奇跡を起こすエネルギーがあるということは、間違いないようです。

これが最初にできた時
ぼくの右耳のところで
丸
「アーロンの杖」
って囁かれたんだ
え!?
キョロキョロ
あれ
周りに誰もいないのに
今声がした
ところで
アーロンの杖って
何だろう
調べてみると
モーゼという人が
海を二つに割った時に
使っていたものだった
やっぱりこれすごい!!
神々が
モーゼに与えた
御神器だってことかぁ
ということで
私は今これを
多くの人の頭や背骨に
天の氣を入れるために
使っています

また、立体カバラのすごいところは、それればかりではありません。

立体カバラは、モーゼのような特別な力や役割を持った人だけでなく、僕のような普通の人が持っても、モーゼと同じことができるようになる可能性を秘めた奇跡の立体なのです。

僕が立体カバラを人の頭上に置くと、光の柱が降りてきてその場の次元が一段と高くなります。

すぐれた治療家がこれを持てば、その治療効果が著しく上がることは間違いありません。

それればかりか、医学や医療の知識や治療経験がない人でも、これを持つことによって超一流の治療家と同じことができるようになる可能性もあります。しかもそうなる確率は極めて高いのです。

実際、大腸がんが肝臓に転移して、現代医学では手の施しようがないと言われた女性が、立体カバラを使うことで全身のがんを完治させたこともあります。

さらに立体カバラは、立体カバラを持つ者を有害なエネルギーから守る働きがあります。

人はスマートフォンやWi-Fiなどから発生する人工的な電磁波や、自分以外の人からの思いや感情など、時には好ましくないエネルギーを受け取ることがあります。すると、人は心身ともに調子が悪くなります。

そのようなことにならないために、人は自分を守る電気的、磁気的エネルギーを出して防御しているのですが、その防御の力が弱ってしまうことがあります。そんなとき、立体カバラを頭上にのせると、人体がもつ電磁的なバリアー機能が回復するのです。

立体カバラが人体に有用な働きをすることは、人の前頭葉（前頭前野）の血流を調べることで証明できます。頭の上に立体カバラをかざすと、その下にいる人の前頭葉（前頭前野）の血流が著しく上がります。それによって人は集中力が増し、記憶力や想像力が上がり、自分に必要なインスピレーションや直感を得ることができるようになります。

立体カバラは人間がもつ能力を引き上げる、まさに奇跡のツールなのです。

立体カバラを使ったループ

潜在意識とハイヤーセルフに教えてもらい、ループをはじめたばかりのころ、患者さんの7割くらいの人しか、症状が消えませんでした。

7割でもすごいことですが、僕にとっては不十分でした。できれば、9割以上の人に良くなってもらいたいと考えていたからです。

そこで僕は、ループを受ける人に立体カバラを持ってもらうことにしました。立体カバラを持つと光の柱が降りて来るからです。すると、9割くらいの人の症状がその場で消えるようになりました。これには驚きました。

ループをするときに立体カバラを使うと、期待以上の効果が出ることは間違いありません。

立体カバラには及びませんが、本書付属の立体カバラの写真をループを受ける人とループを行う人の双方の左胸のポケットに、写真が胸の方を向くようにして入れるだけでも、ループの効果は高くなります。

立体カバラを使って自分でループをする場合は、立体カバラを手に持って（どちらの手でもよい）ループをするだけです。すると即座に、その場の変化や自分の身体の変化を感じることができます。

立体カバラを使うと、ループのプロセスが川の水が上流から下流に向かって気持ちよく流れるようにスムーズに進みます。

立体カバラを使ってループをすると、僕の場合、神社に行った時に感じる御神気と同じ、ひんやりと涼しい風が自分に向かって吹くのを感じます。この風は、その場の次元がより高い次元に変化するときのサインだと思います。

立体カバラを使って人にループをする場合は、ループを受ける人に立体カバラを両手で持ってもらいます。そのあとは、普段と同じループのプロセスを行います。

立体カバラを持つとループの効果が高くなるのは、人体を取り囲む神聖幾何学形態（肉眼では見えませんが心の目、第三の目を使うと視える）と立体カバラが同じ形、相似形をしているためです。


人体を取り巻く神聖幾何学形態は、何らかの理由で歪んだり傾いたり、異常な状態になることがあります。神聖幾何学形態の異常は、心身の異常を引き起こします。

立体カバラをもってループを受けると神聖幾何学形態の異常が是正されます。そして、人は元気と健康を取り戻します。

というのは、神聖幾何学形態は天と地を行き来する氣（プラーナ）のもととなる光の通路であり、大気中から氣（プラーナ）を集めて人体に供給するシステムであるからです。

立体カバラと百会

頭のてっぺん、ちょうど百会《ひゃくえ》というツボがあるあたりに立体カバラを乗せてループをすると、まるで地上から月まで続くエレベーターがあって、それが上昇していくかのように、立体カバラも地上から天に向かって上昇していくように視えます。

逆に、地上から地球の中心に向かって立体カバラが下降していくように視えることもあります。その様子は、人を起点として、立体カバラが天と地球の中心を行ったり来たりするようです。


そのままループを続けていると、すさまじい速さで天から人に向かって光が降りてきて、地球の中心と天を行ったり来たりするように視えることもあります。

これらはすべて、心の目、第三の目によって視えます。この様子が視えたあと、僕の場合は、ほんの数分で目の前の患者さんの症状が消えます。


百会に立体カバラを置き、それ（立体カバラ）をイメージで患者さんの身体の中に入れます。すると、立体カバラのイメージは自然に、それがあるべきところに移動します。

左足に痛みがある場合は、左足に立体カバラのイメージが移動し、そこで振動しはじめます。そうすると、その人の左足の痛みが消えるかやわらぎます。

立体カバラを使ってループする

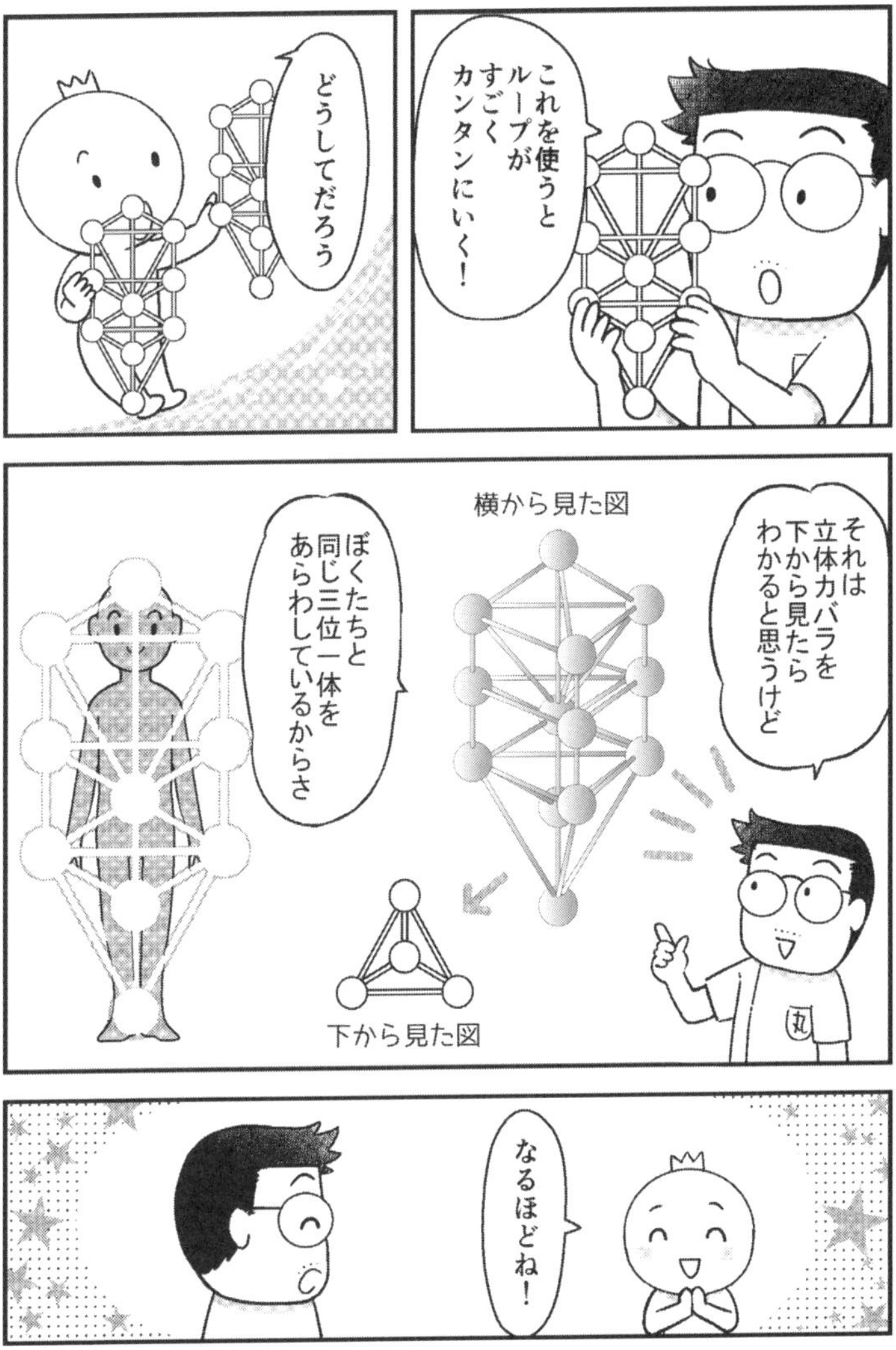

これを使うとループがすごくカンタンにいく!
どうしてだろう
それは立体カバラを下から見たらわかると思うけど
横から見た図
下から見た図
ぼくたちと同じ三位一体をあらわしているからさ
なるほどね!

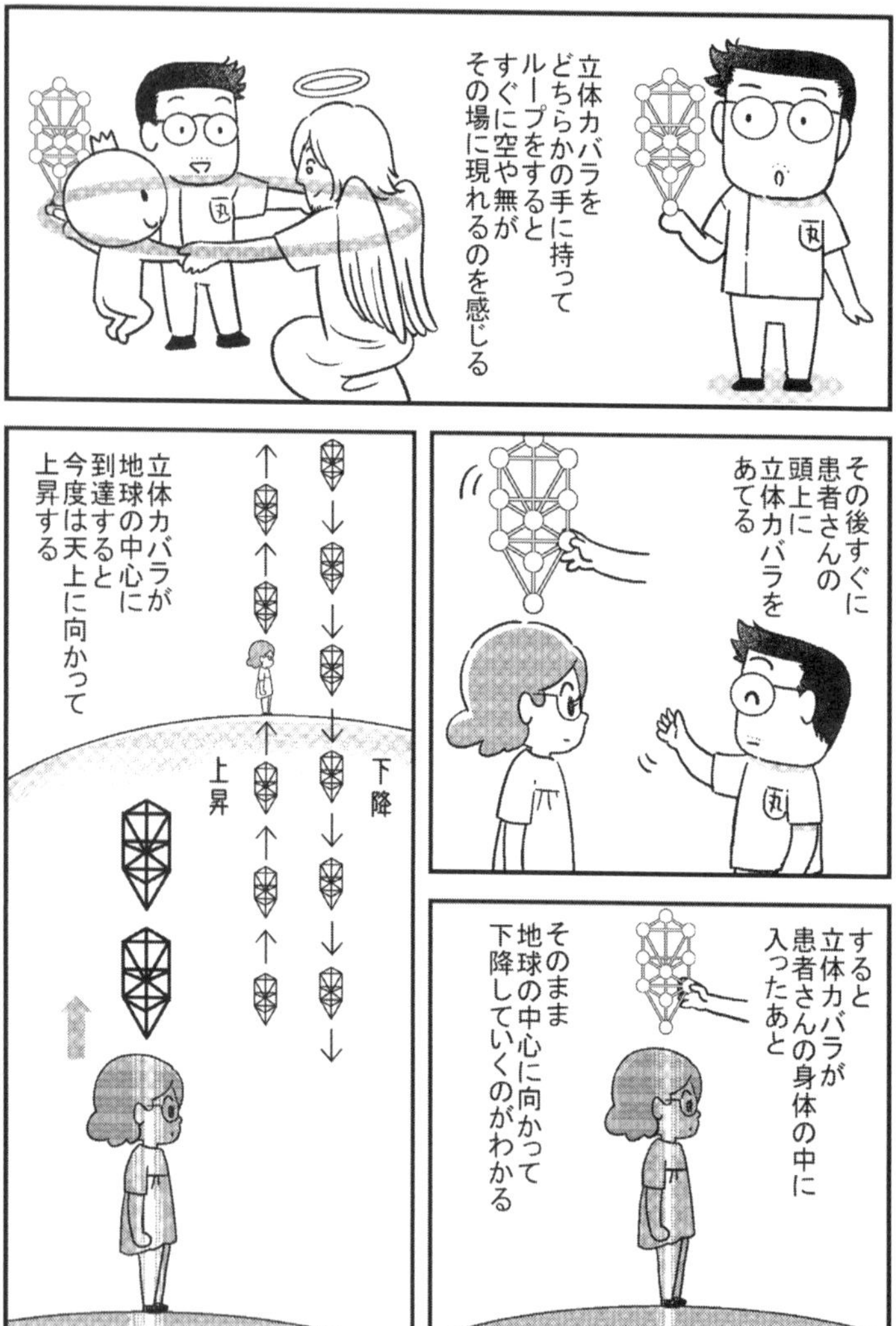
立体カバラを
どちらかの手に持って
ループをすると
すぐに空や無が
その場に現れるのを感じる
その後すぐに
患者さんの
頭上に
立体カバラを
あてる
すると
立体カバラが
患者さんの身体の中に
入ったあと
そのまま
地球の中心に向かって
下降していくのがわかる
下降
上昇
立体カバラが
地球の中心に
到達すると
今度は天上に向かって
上昇する

立体カバラが一定の高さに達すると突然十倍に巨大化する
まるで巨大な宇宙船みたいにみえる
わー
どうですか?
なんか全然違った自分になったみたい
ところで症状はどうですか??
ありがとうございます症状は消えたみたいです

人体のまわりにカバラと同じ構造の骨格が見える
これは光が通る道になっているようだ
その中にいると人の身体が癒される
この人は数十秒で数週間上がらなかった右腕が上がるようになった
ループをしながら立体カバラを頭の上にのせるとこんなスゴイことが起こる！
私にはその様子が見える
あれ⁉自分の身体も軽い呼吸もしやすい
光
！
ループと立体カバラによって現われる光は患者さんだけじゃなくループとカバラを操作していて自分をも癒す
人を癒しながら自分も癒されるってすごい‼

第5章

フィーリング

ループの気持ちよさとフィーリング

ループはいつしても、どこでしても、何度しても僕たちを良い気分にさせてくれます。自分の潜在意識とハイヤーセルフとつながるのですから、気持ちが良いのは当たり前です。彼らはいつも僕とともにいて、僕の人生に気づいてくれています。誰よりも僕のことを理解しています。もしかしたら僕よりも僕のことを深く理解しているかもしれません。

彼らはどんな時でも僕を信頼し、愛してくれます。たとえ、僕が失敗したり、何らかの過ちを犯したりしても、彼らはそんな僕をこの上なく愛おしく思ってくれます。彼らのそんな愛を感じるだけでも、この上なく幸せになります。

何か嫌なことがあってどうしようもなくイライラしたり落ち込んだときでも、ループをすると何ともいえない心地よいフィーリングに包まれます。このフィーリングに意識を向けていると、安らぎと平安が心を満たし、すぐに落ち着きを取り戻します。

彼らを感じる

僕が右の手のひらを上に向けて差し出すと、潜在意識がそこに左手を重ねてくれます。僕は潜在意識の手を感じます。

潜在意識の手が重なると、手に温かさや重さ、フワッとした感じや、微細なバイブレーションを感じます。

次に、僕が自分の左手の手のひらを上に向けて差し出すと、ハイヤーセルフがそこに彼の右手を重ねてくれます。僕は、ただハイヤーセルフの手が触れる感覚を味わいます。

同じ一つの身体にいる彼らは、僕と手をつないでほしいのです。そして、僕と一つになりたいと思っています。

3人で手をつないでいるというだけで、嬉しいような、くすぐったいような、こそばゆいような、胸がすくような喜びが生まれるのは、彼らの喜びが僕に伝わってくるからです。

3人で手をつなぐと、彼らが発するオーラのようなものが僕に浸透してくるせいでしょうか。皮膚の表面が綿毛のようなもので撫でられる感じがするときもあります。自分のまわりの空間が、クリスタルのように透き通った感じに変化して、清らかな空気が胸にスーッと入ってきて呼吸がしやすくなります。

フィーリングは大事
フィーリングって何?
特に思考することなくボヤッと感じたり直感的に抱く感情や感覚をフィーリングっていう
ぼくと君が抱きしめあったときに
じわ〜
ジワーっとする感覚や周りに風が吹くような感覚もフィーリングだよ
ループをしながらフィーリングを感じる
静けさ
平安
安心
安らぎ
楽しい
わーい故郷に帰ったときのような懐かしい感じがする
気持ちいい
イエス・キリストが言っていた三位一体ってこのことかも
父と子と聖霊ということだね
子
父
聖霊

フィーリングに気づくレッスン

僕が初めてループをしたときには、フィーリングどころか何も感じませんでした。本当にこれでいいのか、すこし不安になりました。ところが、何度かループをしているうちに、だんだんとフィーリングを感じるようになってきました。

そこで、ループをした人がすぐにフィーリングを感じられるように、フィーリングに気づくレッスンをしてみましょう。

はじめに、自分の両肘を直角にして両手を上に向けます。両手は肩幅より少し開いた状態にします。次に両手の人差し指だけを立て、それを上に向けます。

軽く目を閉じて、両方の指の先端に意識を集中します。どちらかの指に集中が偏らないようにして、同時に気づくという状態を数十秒間から数分間保ちます。

両方の指を同時に感じていると、指がしびれたり、バイブレーションを感じたり、手が勝手に動いたり、身体が自動的に動くことがあります。身体が温かくなり、それまであった痛みなどの症状が消えることもあります。

次に意識を頭ではなく、心臓があるハートの部分に移します。「自分の心臓はどこかな？」と思うと、意識はハートに移ります。そのまましばらくその状態を保ちます。ハートに意識が移ると、先ほどとは違ったフィーリングが現れます。

今度はヘソに意識を移します。この場合も、「自分のヘソはどこかな？」と思うだけで意識はヘソに移動します。

それぞれの場合に、心や身体に起きてくる変化に気づいていると、穏やかで平和な気持の良いフィーリングがその場に生まれます。

フィーリングはループをしたときの三位一体の気づきから生まれます。

人差し指の先に来る感覚への気づきを保ちながら、そのフィーリングの中でゆったりとくつろいでください。

第6章

新しい知覚

新しい知覚

人の身体には目、耳、鼻、舌、皮膚という感覚器官があります。人はこれらから得られる五感（視覚・聴覚・嗅覚・味覚・触覚）をもとに心で思考し、判断し、行動に移します。

そのため、五感で捉えられない世界には、なかなか気づくことができません。五感で捉えられる世界は、五感で捉えられない世界によって存在しているにもかかわらず、五感で捉えられる世界がすべてだと思い込んでしまうのです。

ループをすると、人は、五感を超えた気づきを持つようになります。それはループによって自分と自分の潜在意識とハイヤーセルフの3人が一つの意識になることにより生みだされる、まったく新しい知覚です。

この新しい知覚は、いわゆる第六感と呼ばれる部類の知覚であり、世界の見え方を一変させます。人はこの新しい知覚によって、五感を超えた世界があることに気づきます。

僕の場合は、ループをすることによって患者さんのどこが悪いのか、かなりはっきりと分かるようになりました。

たとえば、僕がループをしながら診察していると、患者さんの顔の左側の空間がまわりの色よりも濃く見えました。気になってそのあたりを手で探ると、ピリピリとします。空間の磁場か電場（電磁場）に異常が生じているようです。

患者さんに、「顔の左側に異常がありませんか?」と聞くと、「顔の左がしびれて痛みます」と答えてくれました。そこで、手製の電磁場修復器で患者さんの顔の左の空間を修復すると、患者さんは「しびれはまだ多少残っていますが痛みは消えました」と言ってくれました。再度ループをしながら患者さんの顔の左側の空間を見ると、濃くなった部分が消えていました。

ループをしていると、空間と自分の間の明確な隔たりがなくなることがあります。世界と自分が一つになったような、不思議な感覚に陥ります。

五感だけで見ていると、人は皮膚の内側だけに存在するように思えます。しかし、ループをして五感以上の新しい知覚が現れると、人は皮膚の外側にも拡がる存在であることが分かります。

知覚が鋭敏に

ループをしていると、比較的はっきりとした風（扇風機の弱程度でしょうか）を感じることがあります。ループをするたびに風が吹くので不思議に思っていたのですが、あるとき、その理由がわかりました。

実際にそのような強さの風が吹いているわけではなく、普段は感じないほどのかすかな空気の流れをはっきりとした風と感じるほど、知覚が鋭敏になっていたのです。

知覚とは、気づく働き、気づく力そのものです。ループをすることで、知覚が変化したことは驚きでした。

さらにループを続けていると、風だけではなく自分の周囲の空気の変化に気づくようになりました。

ループをすると、空気がクリスタルのように澄んできて軽くなります。

ループをして知覚が変わると、それまで気づけなかった物や事に気づくようになります。知覚が変化すると、まったく新しい能力や才能が開花し、インスピレーションを受けて発見や発明をすることができます。

音楽家なら知覚が変わると、創る曲が変わります。楽器の演奏の仕方が変わります。歌声が変わります。もちろん良い方に。

アスリートなら記録が伸びます。ケガをしなくなります。小説家なら書く内容が一変するかもしれません。ビジネスマンなら仕事の成績が突然上がります。学生なら成績が、偏差値が、合格率が上がります。主婦なら家事がテキパキこなせるようになります。

知覚の変化はあらゆる分野で人の能力を開花させるのです。

知覚が鋭敏に

ループをしていると扇風機の弱くらいの風が吹く
誰か扇風機を点けた？
まわりを見ても扇風機はないし空調も動いていない
どうしてループするたびに風が吹く??
ハイヤーセルフ
風が吹いているんじゃないよ君の感覚が鋭敏になって微かな空気の流れを風のように感じているだけなんだ
潜在意識
ループをすると知覚が鋭敏になる
それまで気づかなかったことまで気づけるようになる
知覚が敏感になるってそういうことだ
知覚が鋭敏になると何かいいことでもある??
あるよ

気づきとは
知覚のことで
知覚が鋭敏になったと
いってもいい
知覚が変化すると
見るもの・見る人・
見る世界が変わる
確かにそうだね
ループをすると
知覚が変わって
気づかなかったもの
人・物事・知恵まで
気づくようになる
この水ちがう！
この
知覚が変化した人たちに
世界はその姿を
ありのまま
あるがままに
見せはじめる
ループは本来
人が持つ知覚を
取り戻す方法だ！
ループをするって
なんかすごく
心が平和になる
肩こりも体の痛みも
悩みも吹き飛ぶようだ

五感以上の
知覚が働くと
それまで
見えなかった世界が
見え
それまで
聴こえなかった音が
聴こえるようになる
モーツァルトも
五感以上の
聴覚を持っていた
一人だ
モーツァルトは
普通の人が
聴けない音を
聴くことができて
それを
どんどん
曲にしていった
モーゼやキリスト
マホメットは
神の声が聴こえ
ごにょ
ごにょ
それをもとに
十戒やバイブル
コーランが生まれた
知覚が鋭敏になったり
新たな知覚が
生まれると
いいこともあるんだね
君の場合は
どう?

ぼくの場合は
患者さんの
身体の悪いところが
うす黒い影のように
見えたり
骨の曲がりや
ズレがわかる
あと君や
ハイヤーセルフ
天界の光りが見える
ループをしていると
知覚が鋭敏になったり
新たな知覚が
生まれかわって
人生がおもしろくなって
くるよ
未知との遭遇
オープン
新たな感覚
知覚に関していえば
ループを
ぼくと一緒に
4~5回しただけでも
鋭敏になる！
――というのは
人間の知覚に
潜在意識や
ハイヤーセルフの知覚が
加わるからだよ

第7章

今、この瞬間の真実

今、この瞬間の真実

スピリチュアルの世界ではよく、「時間とは人間の発明品であって、本当に存在しているのは今だけだ」と言われます。

それが本当かどうかは分かりませんが、今、この瞬間が実際に存在していることだけは間違いないでしょう。

ループをすると、今、この瞬間と一つになります。

頭の中が過去や未来のことでいっぱいになっていても、ループをすると今、この瞬間に戻ってきます。思考に囚われなくなり、気づきが鋭敏になります。それまで気づけなかった空間の静けさやフィーリング、何もなさ（無）、言葉では言い表せない時空の変化を感じます。

普段気づくことのない自分の考え、思い、感情、普段自分が無意識的に行っていることにも気づきます。たとえば、普段気にもしていない呼吸に気づき始めます。

今、この瞬間に触れると、「本当の自分」に気づきます。「本当の自分」とは、簡単にいえば、今、この瞬間に自分が呼吸していることに気づいている意識（心）です。

「本当の自分」と今、この瞬間とを切り離すことはできません。「本当の自分」は、今、この瞬間にしか見出せません。心が過去や未来のことでいっぱいになっているときには「本当の自分」に気づくことができません。「本当の自分」は今、この瞬間に意識（心）が向いた時に気づくことができるのです。


ループは、過去や未来から意識（心）を今に引き戻す方法です。

でもどうして、今、この瞬間に意識（心）を引き戻す必要があるのでしょうか。僕は長い間、そんな疑問を抱いていました。

でも、最近になって分かったことがあります。過去はすでに過ぎ去っているため存在しません。未来もまだ来ていませんから、存在しません。

創造する力は、存在しているものにのみ宿ります。存在していない過去や未来には、人生を創造する力はありません。人生を創造したり、良い方向に変える力があるのは、実際に存在している今、この瞬間だけなのです。

生まれたばかりの真新しい瞬間

僕たち日本人は、家に帰ってきた時「ただ今」とあいさつします。故郷へ戻った時にも「ただ今」と言います。

「ただ今」と言うときには、ほっと安心できる喜びがあります。日本人は、今、この瞬間がいかに大切ですばらしいものなのかということを知っているので、「ただ今」と言うのです。

ループをしながら、「ただ今」と言ってみてください。魂の故郷に帰ってきたような喜びを感じるかもしれません。

ループをしながら、今、この瞬間に意識を向けます。今、この瞬間とは、たった今、生まれたばかりの真新しい瞬間です。

それは、過去にあったいろいろな出来事がすでに書き込まれてしまった、古びた瞬間ではありません。何も書き込まれていない真っ白な紙のような、誰にも踏まれていない新雪のような、まだ何の出来事も起きていない瞬間です。

そして、大切なことは、今、この瞬間に起きる出来事は、過去や未来とはまったく関係がなくてもよいということです。必ずしも昨日の続きのようなことが起きる必要はないのです。

まるで、どこからか飛んできたような、降ってきたような、真新しい出来事が起きてもいいということです。5分前まであった痛みや病気が、何もしなくても消えるという出来事が起きてもまったくかまわないのです。

今、この瞬間を愛して

「今、この瞬間に意識を向ける」とは、今、生まれたばかりの瞬間を赤ちゃんのように手放しで迎え入れることです。ハートを全開にして愛することです。今、生まれたばかりの瞬間を、ただ、そっと、そのままにしておくということです。

生まれたばかりの赤ちゃんに何かをさせようとしないのと同じように、今、この瞬間に何かをさせようとしないことです。赤ちゃんを何かの目的を果たすための手段としないように、今、この瞬間を何かの目的を果たすための手段にしないということです。

生まれたばかりの赤ちゃんに、自分の過去や未来を押し付けないように、今、この瞬間に自分の過去の出来事や未来への期待を持ち込まないということです。

今、この瞬間は、過去や未来とは何の関係もありません。今、この瞬間は、過去や未来、どの瞬間とも独立して存在しています。

ループをしながら、今、この瞬間に意識を向けていると、今、この瞬間が生命を帯びているように感じられます。今、この瞬間が、脈動するのを感じるのです。

それはまるで、本物の生まれたばかりの赤ちゃんのようで、今、この瞬間には、意識があるのではないかと思うほどです。

こういった体験を繰り返していくうちに、今、この瞬間は、身体の中だけにあるちっぽけな自分を超えた「本当の自分」であるということが分かってきます。そしてそれとともに、問題は以前より深刻さがなくなるか、自然と消えてなくなります。

ループをしながら、今、この瞬間とともにあって、今、この瞬間とつながって、今、この瞬間と一つになると、胸がすくような（涼しげな風が微《かす》かに感じられるような）フィーリングがあらわれます。

すると、時空がシフトし、「今、この瞬間」の気づきの中で自らが癒され、予想を超えた大きな変化が、身体だけでなく人生そのものに起こるのです。

❧「今、この瞬間」とはなにか

私たちは「今、この瞬間」というと「今、この瞬間」に起きている出来事の内容のことだと思ってしまいがちです。これは大きな間違いです。

「今、この瞬間」とは、そのとき起きる出来事の内容ではありません。それは、出来事が起きることを可能にしている時空間という名のスペースです。

料理にたとえていうなら、「今、この瞬間」はレストランの鍋のようなものです。料理に使う鍋は変わりませんが、その中に入れられる具材や調味料は料理ごとに変わります。

「今、この瞬間」は常に変わりませんが、出来事の内容は次々と変わります。鍋がないと料理ができないように、「今、この瞬間」がないと出来事は起こりません。将来買う鍋で料理ができないように、捨ててしまった鍋で料理をつくれないように、過去や未来には出来事を創造する力はありません。

出来事を創造する力があるのは、今、まさに目の前にある鍋のような、「今、この瞬間」なのです。

「今、この瞬間」は、今まさにここにあります。何らかの努力をしなくても「今、この瞬間」は常に存在しています。僕たちが、「今、この瞬間」から外に出ようとしても離れようとしても、それは不可能です。本当に、「今、この瞬間」しか存在せず、僕たちはそこから出たこともなく、出ることもないのです。

そして、ループを続けていくと、「今、この瞬間」とは、究極的には自分自身だということが分かります。

「今、この瞬間」は永遠です。「今、この瞬間」は死ぬこともありません。このようなことが、おぼろげながらでも分かってくると、死の恐怖から救われ心が楽になります。「今、この瞬間」に死はなく、「本当の自分」にも死はありません。これらは永遠に存在します。「今、この瞬間」である自分自身も死ぬことはなく、永遠に在り続けるということが、少しずつ分かってくるのです。

実在するのは「今、この瞬間」だけ

ループをすると「今、この瞬間」の真実が見えてきます。

僕たちが何をする時も、何を考える時も、どんな時もすべて「今」です。僕たちは過去や未来に行くことはできません。過去や未来を直に手で実際に触れることは不可能です。直に体験できるのは「今」だけです。

僕たちと「今、この瞬間」はいつもともに在ります。過去や未来は、思考による錯覚、頭の中だけにある考え、ただの概念です。

様々な出来事や思考が今、この瞬間に現れては消えていく様子が、あたかも時間が流れているかのように見えるだけなのです。今、この瞬間は過去から未来に向かって流れているものではありません。今、この瞬間は来たり過ぎ去ったりするものでもありません。

にわかには信じられないかもしれませんが、物理的な時間にしろ、心理的な時間にしろ、時間というものは実在しないのです。

「何を言っているんですか。時計は刻一刻と時を刻んでいるじゃないですか！」とあなたは言うかもしれません。

でも、どうして時計の針が進むと、時間が経つということになるのでしょうか？　時計とは単に針が動いているだけのものであって、時間とは何の関係もありません。時計の動きが時間を示しているという、幼少期からの教育によって、すべての人がそう思いこんでいるだけなのです。

時間も、それによって生まれる過去も未来も、人間の見方による発明です。

ループをすると、実在するのは今、この瞬間だけだということが分かります。今、この瞬間とは、時間を意味するのではなく、この瞬間そのものに気づいている意識、形のない自分自身（本当の自分）だということが分かってきます。

時間が実在しないと聞くと不安になるかもしれませんが、実はこのことは朗報です。なぜなら、時間を気にして無駄に急いだりしなくてもよくなるのですから。

瞬間と瞬間は独立している

人はどんなときでも、自分が過去に経験した出来事をもとに、未来において自分に起こる現実を予測します。そして、未来が過去と現在の延長線上にしかないと思いこんでいます。

でも、そんな思いこみを持ち続けていると、過去という亡霊や未来という不確かなものによって、今、この瞬間から未来に向かって起こることの可能性が著しく制限されてしまいます。なぜなら、僕たちの思いが、自分が未来に体験する現実を創造するからです。

本当は、未来はあらゆることが現実化する無限の可能性を内包しているのにもかかわらず、心の思考は過去の経験を持ちだして、未来にも同じようなことしか起こらないだろうと決めつけます。

そうなってしまうと、人生は面白くなくなります。それはまるで人生からサプライズがなくなったようなものです。

そうならないためには、過去と今と未来が一本の線の上にあるという概念を捨てる必要があります。

「そんなことを言われても、私にはどうしていいのか分かりません」とあなたは言うかもしれません。でも、答えはすでに出ています。「ループ」をすること、それが答えです。

ループで過去と未来から自由になる

未来・それは
たいてい不安になる
ビジョン
過去・それも
たいていイヤな
記憶
丸
あのとき
〇〇しておけば
よかったのに…
あの過去が原因で
これからイヤな
〇〇をしなければ
ならない
気が重い…
過去を悔やむ
トホホ…
今という瞬間に
過去と未来が
入り込んでくると
今という瞬間が
台無しになる
過去
未来
今
どの瞬間にも
過去と未来が
土足で心に
入り込んでくる
イヤダ
今
苦しい
過去
未来

過去から未来へ向かう
時間軸の上でしか
生きれなくなる
過去
未来
直線的な時間軸
パイッ
奇跡
過去と未来を
基準に生きる限り
起こる現実は
限定される
奇跡的な
変化がおこる
可能性がほとんど
なくなってしまう
過去から生まれた
悪い予感が
的中してしまう
現実化して
しまうのだ！
過去
未来
そんなの
イヤだ―!!
なんとかして〜!!
パニックパニック
さあ大変！
それなら
ループをすれば
いいじゃない

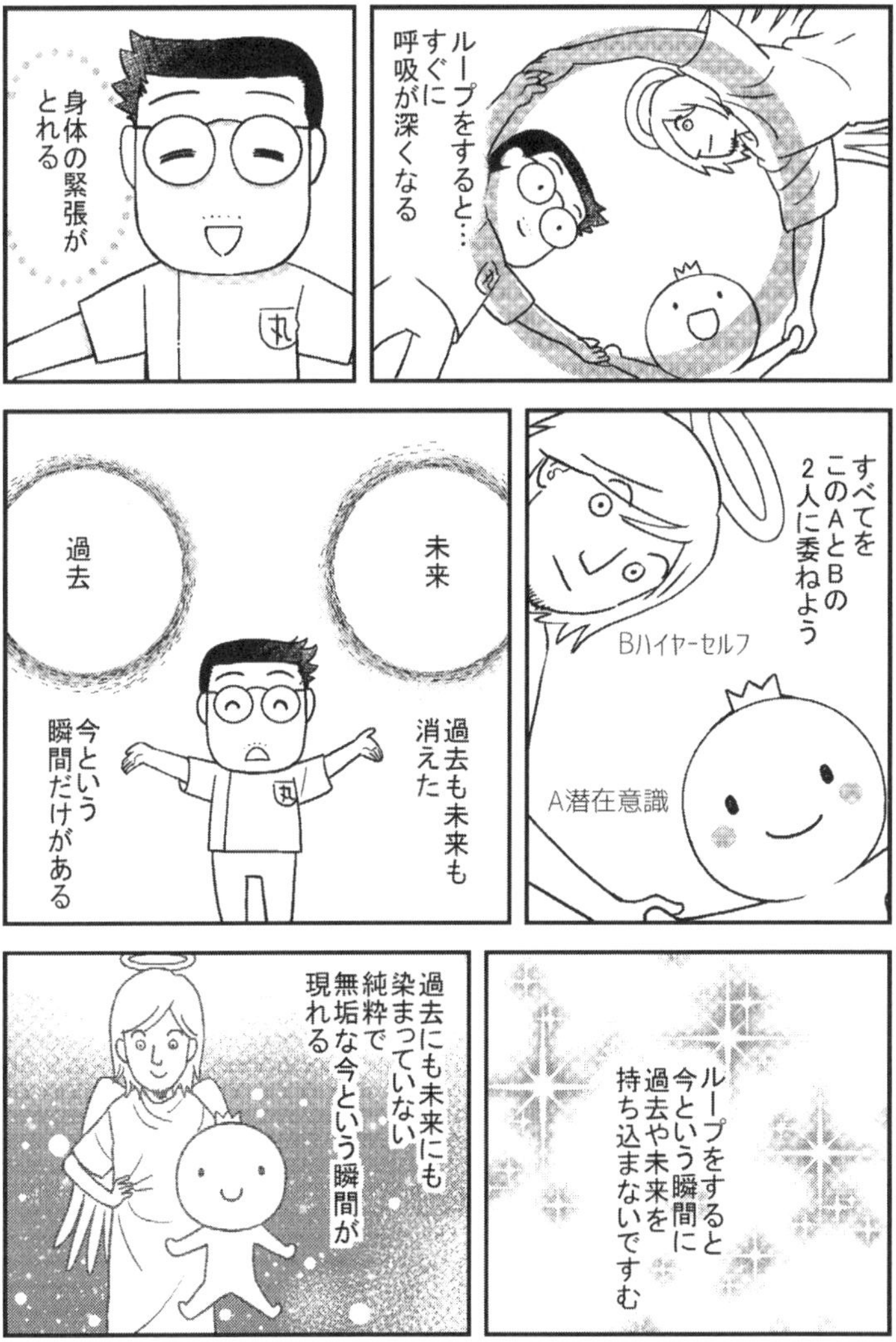
ループをすると…すぐに呼吸が深くなる
身体の緊張がとれる
すべてをこのAとBの2人に委ねよう
Bハイヤーセルフ
A潜在意識
未来
過去
過去も未来も消えた
今という瞬間だけがある
ループをすると今という瞬間に過去や未来を持ち込まないですむ
過去にも未来にも染まっていない純粋で無垢な今という瞬間が現れる

未来
もう過去から未来へ向かうお決まりの時間軸の上を進まなくてもすむ
過去
過去と未来の直線から外に出られた！
過去
未来
ループをしてどの瞬間にも過去や未来を持ち込まなければ時間軸の直線から出られる
未来
有限の可能性・・・頑張ればできる・努力したら実る
過去
限界の無い無限の可能性

「しなければならない」という思いが薄れると生きるのが楽しくなってきた
心の底から力が湧いてくるようだ
どこかしこにも新しい現実が現れる
無限の可能性がある！
なんか自由だ
過去がああだったから未来(将来)は○○しなければならないという思いがない
ループをして今という瞬間に生きよう!!

❧ 瞬間は不連続

そもそも瞬間と瞬間は連続しているものではありません。ところが、高速で点滅している蛍光灯が点灯し続けているように見えるのと同じように、瞬間と瞬間は連続しているように見えます。

本当は連続していないにも関わらず、瞬間と瞬間の切り替わりが速いため連続しているように見えてしまいます。瞬間は連続しているという思い込みは、過去と未来と現在を生み出します。

ところが、ループをしていくと、今、この瞬間と次の瞬間は連続していないということに気づきます。今、この瞬間と瞬間の間に、何かを入れることができるスペースがあるということに気づきます。

僕の場合には、何週間も続いていた患者さんの痛みが、ループをすることで一瞬で消えてしまうといったことが何度もありました。

瞬間と瞬間が連続している場合、症状が改善するためには一定の時間が必要となります。ところが、瞬間と瞬間が完全に独立している場合、症状がある瞬間から、症状が徐々に良くなる瞬間を飛び超えて、一気に症状がない瞬間に飛び移る（シフトする）ことができます。すると、見かけ上、一瞬で症状が消えるようなことが起きるのです。

たとえていうなら、映画のフィルムのコマの中間部分を取り除いて、症状があった最初のコマと症状がなくなった最後のコマとをつなぎ合わせたようなイメージです。

階段にたとえるなら、一段一段降りてくるのではなく、上から一足飛びで下まで飛び降りることと同じです。エスカレーターでいうなら、下りのエスカレーターに乗っていて急に上に行きたくなったとき、隣にある上りエスカレーターのレーンに飛び移るようなものです。

ループをしながら、今、この瞬間に意識を向けると、一瞬で患者さんの症状が消えることがあるのは、瞬間と瞬間が不連続だからです。

ところが、心が過去と現在と未来はつながっていると思うと、ある瞬間に何か病気があれば、その続きとして次の瞬間にもその病気があるものだと思いこんでしまいます。すると、人は無意識で次の瞬間も病気があると決めてしまい、病気はどの瞬間にも存在するようになります。

今、この瞬間と次の瞬間が不連続だと分かっていれば、次の瞬間にも前の瞬間にあった病気があると決めつけることがなくなります。

心が瞬間の不連続性を、知識としてではなく完全に理解すると、人生に奇跡的な変化がおきます。ループをすることで今、この瞬間に意識を向けると、ある瞬間に在った病気が次の瞬間に消える可能性が生まれます。がんがあるという瞬間から、がんがない瞬間へとシフトする可能性があるということです。

❖ 創造は今、この瞬間に

これまでの僕は、病気を治す新たな道具を創ろう、方法を見つけようといつも頭の中で考えてきました。僕にとって、今、という瞬間は、未来に何かをなすための手段でしかなかったのです。

常に前へ前へ（未来へ未来へ）と僕の心は忙しく動き回ります。このような心の様子は態度にも表れます。友人からは「落ち着きがない」「ソワソワしている」と言われます。僕と同じような人は他にもいらっしゃるかもしれません。

このような人は、自分が欲しいものや自分に必要なことは、未来にあると固く信じている人です。病気が治るのは未来だと、信じ込んでいる人です。

本当に欲しいものは、まさに今ここ、自分が生きているこの瞬間にあるということに気づかない人です。病気を治す道具をあえて創らなくても、今、この瞬間には、すでに病気を完全に癒す力があることを知らない人です。

でも、ループを続けていくと、まだ来ていない未来には現実を変える力はないことに気づきます。

未来とは思考が、心が生み出した今はまだきていない概念です。実際にあるのは、そして自分が認識できるのは今、この瞬間だけです。今という確かな時間を大切にせずに、未来のことばかり考えている生き方は、地に足がついていないと言っても過言ではないでしょう。

意識が今、この瞬間にある時にしか、創造の魔法は起こりません。奇跡を起こす秘密は今、この瞬間に在ることです。

僕たちがいるのは、いつどんな時にも今、この瞬間です。過去を後悔することも未来に期待することも、今、この瞬間になされます。でも、過去や未来は、今、この瞬間にはありません。

ついついまだ来ていない未来に心が向かってしまう傾向があっても、ループをすると、意識が今、この瞬間に引き戻されます。人がループをして、今、この瞬間と一つになるときシフトが起こり、変化や治癒は自然に、そして即座に起こり始めます。未来ではなく今、この瞬間に。

ループで今、この瞬間を祝福

今、この瞬間という入れ物は常に変わりませんが、その中で起きる出来事は常に変わります。ループとは、常に変わらない今、この瞬間につながる方法なのです。

多くの人は今、この瞬間を生きていません。

彼らは常に、次にやること、次に起こることについて考えていて、真の奇跡が起こるパワーの基点が、今この瞬間にあるということに気づいていないのです。

「次のなにか」を追い求めるのは決して悪いことではありません。

でも、「次のなにか」が良いことであれば、それで幸せになれるというのは、大きな間違いです。「次のなにか」を手に入れたとたん、また新たな「次のなにか」が必要になり、いつまでたっても満足することはないのです。

幸せは、今、この瞬間に在ることによってのみ得られます。今に十分満足しながら、遊び心でさらに幸せを求めるのです。必要だからではありません。依存からでもありません。

あるのは今、この瞬間に対する感謝だけ。そのうえで、人生に当たり前に起こる奇跡を受け入れ、さらなる幸福を歓迎するのです。

第8章

完全さに気づく

ループの決め手

ループをすると、僕の心は潜在意識とハイヤーセルフによって意識の深部、無意識とよばれる領域に導かれます。

無意識の領域は、空や無、静寂が支配する領域です。ループをすると無の特徴であるあっけらかんとした何もなさや、空の特徴である無限の空間がもつ広大さと空っぽな感じ、静まり返った静寂を感じることがあります。そのため、ループによって無意識の領域に自分がいることが分かるのです。

無意識の領域が無や空、静寂が支配しているといっても、何もないわけでは決してありません。

何もないどころか、そこは僕たちが人生で体験するあらゆるものが創造される可能性で満ちています。創造は神の働きであるため、無の領域は神の領域といえます。そして神は常に完全です。

ループのとき、僕が「(ループをしている)今、この瞬間は完全である」と思うと、瞬時に神の座である無意識の領域に到達します。「今、この瞬間は完全だ」と思うことの重要性がここにあります。これがループがうまくいくかいかないかの決め手になることさえあります。

「ループをする今、この瞬間は完全である」と思っている場合と思っていない場合では、ループによって起こる奇跡の度合いに格段の差が出ます。

ループをはじめる前、はじめる時、そしてループをしているとき、ループが終わった後も、しばらくその瞬間の完全さとともにいるようにします。完全さを思い続けるだけで、その場の空間が何の汚れもないクリスタルのような澄んだ空間に変化します。

「今、この瞬間」の完全さを認めると、自我の動き(思考)が止まります。完全なものに対して、自我はフリーズ(身動きがとれない)した状態となり、何もできなくなります。

完全さに気づくことによって、自我にコントロールされていた自分を、自我をコントロールする自分に変えるのです。そうすることによって、ループはより一層うまくいくようになります。

そして次の段階として、潜在意識とハイヤーセルフにも「今、この瞬間は完全だよね」と、一緒に言ってほしいと伝えます。そして、彼らとともに完全さを感じながらその中でくつろぎます。

すると不完全なものは完全に、完全なものはより高い次元の完全に向かってシフトします。

♧今、この瞬間の完全さを知覚するレッスン

今、この瞬間の完全さに気づくといっても、自分の目の前に現れている状況が自分にとって不都合で嫌なものであれば、今、この瞬間の完全さを受け入れることはなかなか難しいでしょう。

その一方で、目の前にある状況が自分にとって好ましいものであれば、人は心を開いて、今、この瞬間の完全さをたやすく受け入れることができます。

そこで、今、この瞬間の完全さを知覚するセンスを磨くために、些細なことで良いので、目の前の状況が良い時に、心の中で潜在意識とハイヤーセルフに向かって「今、この瞬間は完全だよね」と言うようにしてみましょう。そして、彼らとともに今、この瞬間の完全さの中でくつろぎます。

ループをしながら彼らとともに、今、この瞬間の完全さを味わうのもいいでしょう。

完全さを知覚することに慣れてきたら、比較的良くないと思われるような状況の時にも「今、この瞬間は完全だよね」と、潜在意識とハイヤーセルフに言うようにします。

それを続けていくうちに、いつの間にかどんな状況であっても、潜在意識とハイヤーセルフに「今、この瞬間は完全だよね」と言えるようになります。

僕たちが唯一「今、この瞬間」にしなければならないことは、潜在意識とハイヤーセルフとともに、今ここに存在することだけです。

今がどんなに悲惨な状況にあろうとも、「今、この瞬間」、僕たちが存在することは間違いのない事実です。

僕たちがどのような状況なのかなどということをまったく考慮せず、存在しているか存在していないかという一点に絞ってみるならば、僕たちは完全に今、この瞬間に存在していると言えます。

そして、ループをしながら、「僕は今、この瞬間に生きて存在している。これこそ完全である」と心の中で言います。存在の確かさに心が震えます。

今、この瞬間の、自分の目の前にある現実の内容が完全であると言っているのではありません。今、この瞬間が完全なのです。

これは、その瞬間に起こっている現実の内容の良し悪しについて言っているのではないということです。

❖ 大自然の完全さの中で

社会や家庭の中で生活しているかぎり、完全だなどということは一瞬たりとも思えないという人がほとんどではないでしょうか。

ところが、大自然の中に入って行って、大自然の営みに目を向けてみると、そこに不完全さなどは微塵《みじん》もないことに気づきます。

大自然には、あるがままの完全さと美しさがあります。僕たちが大自然を見て美しいと思うのは、そこには秩序と調和があるからです。

森の中に入り、木々とともにあるとき、言葉で言い表せないほどの安らぎを感じます。自然と自分の区別がなくなり、ひとつになったかのように感じます。このような場所でループをすると、完全なシフトが起こり、あらゆる問題が解決します。

心に不安や問題を抱えている人や、病気がある人は、ぜひ大自然の中に入ってループをすることをお勧めします。

また、「今、この瞬間」に会社や学校、家にいて完全さを感じられない場合は、大自然を目の前にしたときの完全さを思いだしながらループをしてみてください。きっとうまくいきます。

自然との一体感

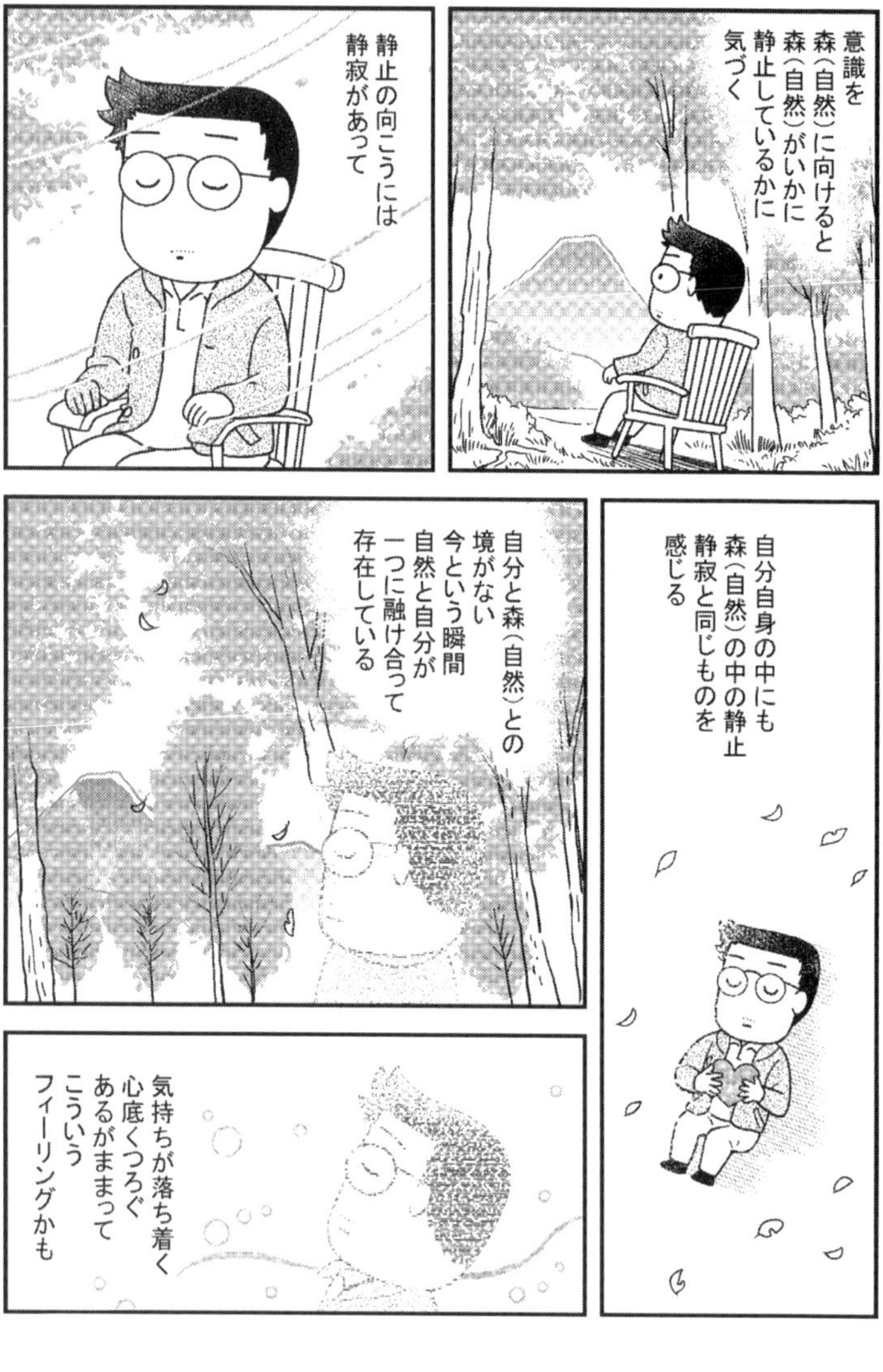
意識を
森（自然）に向けると
森（自然）がいかに
静止しているかに
気づく
静止の向こうには
静寂があって
自分自身の中にも
森（自然）の中の静止
静寂と同じものを
感じる
自分と森（自然）との
境がない
今という瞬間
自然と自分が
一つに融け合って
存在している
気持ちが落ち着く
心底くつろぐ
あるがままって
こういう
フィーーリングかも

木は木という
自己と一つになって
あるがままに
存在しているけど…
同時に
万物と一つになってる
万物の中で自分だけが
すごい木であろうとはしない
むしろ木は
森全体と調和しようとして
そこにある
森の中で木が育つのは
森にすべてを調和のもとに
生かそうとする働き
仏性があるからだ

⚜ 完全さを感じる

何度も繰り返しますが、心の中に在る思いは現実化します。心のどこかに不完全さを感じていれば不完全な現実があらわれます。

しかしループをするとき、心が何らかの完全さを感じていれば、不完全な現実の代わりにループによって完全な現実が現れます。

純粋無垢な赤ちゃんのような「今、この瞬間」の完全さ、「今、この瞬間」に自分が存在しているという確かさ、大自然のあるがままの完全さ、いかなる種類の完全さでもいいので、完全さを感じながらループをすることでより良いシフトが起こります。

ループをする時、自分がいる場に完全さを持ち込むことはとても重要です。

あるがまま

ループをしながら
自分が正しいとか
間違っているなどの
判断をしない
判断を
手ばなす！
判断することは
自己中心的な
エゴが行うこと
だからね
ループをしていると
今という瞬間に
今出会うべきことを
そのまま
その通りに体験している
のだということがわかる
「あるがまま」って
いうこと!?
そう
そのとおり

人の心からみると一見不完全に見えることさえも「それはそれで完全だ」というのが「あるがまま」なのかもしれない
自分が今おかれている状況が完全であると悟ったときその状況を作っている場と自分の意識が一つになる
完全
そして自分がおかれている状態を変えようとしないとき今この瞬間はより完全な状態に向かってシフトする
あるがまま
これってすごくない!!

完全なる信頼

日頃からループを続けていると、知らないうちに自然と問題が解決していくようになります。すると、人生から苦が少なくなり、楽に生きられるようになります。

それでも、人生において、時に大きな問題にぶつかることがあります。そのようなときには、問題解決につながる方法でループを行います。

それは、問題をひと固まりの物体のようにイメージして、それをループに入れるという方法です。このようにすることで、大きな問題が解決することがあります。


ただし、このような方法で問題を解決しようとする場合、気をつけなければならないことがあります。それは、問題となっている事柄や情報に「〇〇したい」という自分の希望や、「きっと〇〇するはずだ」という期待を過度に入れないようにすることです。

なぜなら、希望や期待を持ちすぎると、エゴ的な意識がループを台無しにすることがあるからです。できるだけ、ただ客観的な事実だけをループの輪の中に入れるようにすることが大切です。

たとえば、自分が糖尿病だとします。ループの中には「自分は糖尿病だ」という情報だけを入れるようにします。糖尿病が良くなってほしいという希望や治ってほしいという期待を入れないようにします。

がんの人の場合は、「自分は○○がんである」という情報だけをループの中に入れます。自分のがんが小さくなったり消えたりしますようにというような、希望や期待をループの中に入れないようにします。

希望や期待を含めずに、今ある問題の事実だけをループの中に入れるのには理由があります。希望や期待を持たずにループにすべてを完全に委ね、任せきるということは、ループに対する完全な信頼を意味します。完全な信頼は完全な現実を生み出します。

さらに、ループをすること自体が目的であり、ループによって結果的に何が起こっても、「それはそれでいい」という心のスタンスでいることです。希望や期待を手放せば手放すほど、完全なシフトは起こりやすくなります。それも良い方に。

一方、希望や期待が入った情報をループに入れると、ループに任せきることができない、ループを完全に信頼できないという思いが微妙に入り込んでしまいます。すると、潜在意識やハイヤーセルフがそのことを感じ取って、ループそのものがうまくいかなくなります。

この違いはかなり大きな効果の差を生みます。

前者では、高い確率で問題が解決されます。後者では、エゴ的な意識が関係してくるため、それほどの効果が望めないかもしれません。

完全な信頼は、ループをするうえでとても大切な要素なのです。

⚜ 無為という心の在り方

自分本位のエゴ的な意識が強くなると、ループの効果は小さくなります。エゴ的な意識が少なければ少ないほど、ループによって叶えられることは多くなり、その成果も増します。

ループのとき、僕たちがすべき唯一のことは、エゴ的な意識をできるだけ小さくすることです。汚れのないクリスタルのような心になることです。

基本的には、「世界中の人が幸せになりますように」など、自分以外の人の幸せを願ってループをします。たとえ自分一人でループをする時でも、自分がループをすることで世界が良い方向に進むと思ってループをします。

そのような思いはやがて、愛と智恵の結晶となって自分にかえってきます。このような状態でループをすると、当たり前のように奇跡が起こります。

ループのプロセスでは、することが少なければ少ないほどシフトは大きくなります。完全に何もしなければシフトは極大になります。

「何もしないこと」を老子は「無為《むい》」と言いました。さらに、「何もしないことをすること」を「無為為《むいい》」と表現しました。

僕はこの「無為為」という言葉を初めて聞いたとき、「何もしない」というのは何もしないということなのに、それを「する」なんて無理だと思いました。その頃の僕には、無為為の真の意味が分かっていなかったのです。

実は、無為為の最後の「為」には、無為を強める働きがあります。「何もしない」という言葉には、どうしても消極的なニュアンスが含まれますが、無為に「為」が付くことで消極的なニュアンスが消え、積極的な意味が残ります。つまり無為為とは「積極的に何もしない。わざと、あえてそのままにしておく」ということなのです。

手つかずの大自然を目の前にしたとき、僕たちはそれに対して何かしようとは思いません。大自然は常に、あるがままで完璧であり完全です。変えるべきところなどありません。

人の心（意識）は完全なものを目にしたとき、その存在の完全性を認めて何もしないこと、放っておくことをあえて選択する、すなわち無為為になります。

無為為とは、大自然のような完全なものを目にしたときの心の在り方です。目の前の状況や自分が置かれている立場、自分のすべてをそれ以外ではありえないもの、完全無欠なものとして手放しで認めることなのです。

普段から無為為を心がけて生活していると、自然に為すべきことがなされます。人生はあるがままに展開します。良いことも悪いことも。

今、この瞬間は完全、完全で完璧です。何一つ変えるべきこともなく、変わるべきこともありません。心の底からこの完全さを受け入れます。

今、この瞬間の完全性とは、自分を含めて今、この瞬間に現れているもの、目にするもの、感じるもの、状況がどうであれ、何一つ変えることができないほどすべてが完全で完璧であると認めることです。

今、この瞬間に現れているものを、ほんのわずかでも変えたり、減らしたり、増やしたりしようとしない時、無為為が起きます。

たとえば今、ここに本物の「モナリザ」の絵があるとしましょう。「モナリザ」は、完全に完成された完璧な絵画です。

レオナルド・ダ・ヴィンチがこの絵にもう一筆を入れることができなかったように、何者もすでに完成しているこの絵に手を加えることはできません。僕たちは完全なものを目の前にしたとき何もできなくなります。

この場合は「モナリザ」という絵の完全さにひれ伏すかのように僕たちは本当に何もできなくなります。「モナリザ」の絵に落書きをしようと思ってもできないのです。

目の前にあるものの完全さを認めること（「モナリザ」がそのままで完全であると認めること）と、無為為（「モナリザ」を完全なものとして認め、何もしないでそのままにしておくこと）とは、同じことを違う言葉で表現しているにすぎません。

老子の言う無為為とは、今、この瞬間の世界の完全さを手放しで受容することなのです。簡単に言えば、今、この瞬間に起こっている状況、物、事、人、出来事、見るもの、聞くものすべてに「イエス」と言うことです。

心で完全さを受容しながら行う行為は、すべて無為為の行為となります。すると、無為為によって最大の変化と最高の愛、美、叡智が人生にもたらされます。無為為とは、意識の持ち方（心の在りよう）のシフトです。

ルー プの基本は無為為

僕は患者さんを診察するとき、患者さんをループの中に入れて、無為をします。ループをしながら、今、この瞬間、目の前の患者さんの病気がどうであれ、今、目の前にある状況（僕のクリニックの診察室に、苦しさを訴える患者さんがいて、僕がいて、その傍を看護師さんが忙しそうに働いている様子を含め、僕がそのとき認知しているすべて）は、そのままで完全で完璧であり、何も変えるべきことはないと心の深いところで確信します。すると、たいてい数分で患者さんの症状のほとんどが消えてなくなります。

患者さんは症状があるからクリニックに来ているので、普通に考えると完全どころか不完全だといえます。しかし、それは今、この瞬間に現れている状況のほんの一部（患者さんが病気だというのは全体の中の部分に過ぎない）を見て不完全だと捉えているにすぎません。

一部分だけに囚われず、今、この瞬間に起こっている出来事の全体を見て、目の前の状況をそっくりそのまま受け入れると、完全なことが完全なタイミングで起こっていることが分かります。

個人の視点から見て、その時どんなに最悪なことが起こっていようと、人生全体からその出来事を振り返ってみると、完全で完璧なことが起こっていたことが分かるのです。

ループをするときには、今、この瞬間の完全さの中に在って、その中に現れる自分が体験する世界を完全なものと認めます。これだけで、自分の周囲の空気が軽くなり、自分の身体も軽く感じます。

ループの基本は無為為です。行うことを減らせば完全なものへのアクセスが増えます。さらに、何もしないこと（無為）をすると、完全なものと一つになります。

無為をするということは、何もしないことをする（無為為）ということです。無為為とは、今、この瞬間に自分に起こっている出来事に対して一切の抵抗をやめることです。それは、今、この瞬間に現れていること、物、人、出来事を変えようとせず、それらはあるがまま、そのままで完全であると心の最も深いところでわかることです。

無為とは反対に、人が何かをしようとするとき、そこで起こることとは、人の思いや願いに限定された範囲のことに限られてしまいます。しかも、思いや願いが１００％叶うとは限りません。せいぜい半分でも叶えばよい方です。

次のような例があります。ある女性が高血圧に悩んでいたのですが、何も思わず、何も願うことなくただループをしていました。すると、高血圧が改善しただけでなく、検査中に、早期胃がんまで見つかったのです。

もし、高血圧を改善したいという望みを持ってループをしていたら、高血圧だけが改善して早期胃がんは見落とされていたかもしれません。ループをするときに無為でいることの意味はここにあります。

その瞬間に起こっていることの完全さを認めると、無為為は自然に起きます。無為為が起きると、今、この瞬間に在るあらゆるものが、より高いレベルの完全さに向かって変化します。

その様子は、人から見れば不完全なものが完全なものへと変化するように映るかもしれません。無為によって問題が解決したり、病気が治るのはそのためです。無為為とは自然が持つ大調和の働きにすべてを任せきることです。

第9章

「本当の自分」に気づく

⚜ 死の恐れを乗り越えて

僕は長い間、自分は肉体に収まっている生命だと思っていました。病気や事故で肉体を失うと死ぬ、自分も肉体とともに死ぬと思っていました。自分という存在は、永遠に続くものではなく消え去ってしまうものだと思っていました。身体が壊れ始めるとともに、必ず死ぬという思いが自分の中で強くなり、何とか身体を永らえさせようと思いました。

でも、ループをするようになって、そんな努力はしなくてもいいということが分かってきました。すると、今まであった首の痛みと膝の痛みが薄らいできたのです。考え方を変えるとこんなにも身体が変わるのかと自分でも驚きます。

本当の自分は、肉体の死を超越した永遠に続く意識であるということを知らないかぎり、恐れを克服して、平和と平穏、安心を得ることはできません。

ところが、ループをしていくと認識が少しずつ変わり、やがて自分は「肉体以上のものである。私とは肉体に吹きこまれている意識そのものである」ということが何となくわかってきます。「自分は永遠に生き続ける意識なのかもしれない」と気づき始めます。この気づきこそが、ループによって得られる最大の恩寵ではないかと、僕は考えています。

目に見える存在や五感で確かめられるものだけが実際に存在しているもので、そうでないものは存在しないという思いこみが、目に見えない存在（潜在意識やハイヤーセルフ）の一端に触れるだけで和らぎます。

そして、もしかすると自分も潜在意識やハイヤーセルフのように身体に縛られない存在、目に見える以上の存在ではないかと気づき始めます。

さらに目を閉じてループをしていくと、ループの中で自分の身体を感じなくなることがあります。自分の身体を感じなくなるといっても、自分がいないわけではありません。自分はしっかりとそこにいます。ただ、身体と身体以外という境界がなくなります。そのとき感じるのは、確実に存在しているという実感です。

ループの中にいて、自分の潜在意識とハイヤーセルフとともに手をつないでいる自分とはいったい何者なのかと思うことがあります。

それは、もはや身体（肉体）に囚われていない新しい自分です。新しい自分は「本当の自分」です。「本当の自分」になると、肉体が死ぬかどうかというようなことは、どうでもよくなってきます。それよりも今、この瞬間に自分がループをしているということのほうが楽しくて面白くなります。

人の本質は純粋な気づきだ
純粋な気づきは「もの」ではない
純粋な気づきは「もの」ではないので形もないしエネルギーでもない
純粋な気づきに形がないことを『無』というエネルギーがないことを『静寂』という
シーン
でも人間には形があるしエネルギーもあって動くよ
人の本質は純粋な気づきだといってもぼくたちが思っている人間とは大きな隔たりや矛盾があるようにみえる
そうなんだ人が自分の本質が純粋な気づきだって気づけない理由がそこにあるんだ

人の本質が純粋な気づきだということは頭でいくら考えてもわからないんだ
どうして？
純粋な気づきは人の心の働き頭で考えることや五感を超えているからさ
脳
人の心は純粋な気づきの中に現れている
それに心は有限だけど純粋な気づきは形もエネルギーももたないから無限なんだ
無限>>有限
たしかに有限は無限を知ることができない
でも知ることができないならどうして人の本質が純粋な気づきだって分かったんだろう
多分瞑想によってほんの一瞬純粋な気づきの一端を垣間見たんじゃないかな

そんなことより
大切なことは
ぼくたちは純粋な気づきに
気づくことができなくても
ぼくたちそのものが
すでに純粋な気づき
なんだってことだ
じゃあ
もう何もすることが
ないじゃないか
そのとおり
黄檗希運《おうばくきうん》という人は
君が言ったことを
次のように言っている
自らの内に仏性がある…
不意にそう目覚めると、
成就すべきことはなくなり、
行動する必要すらなくなる。
それが至高の在り方である。
—黄檗希運
ここでいう仏性と
純粋な気づきは
全く同じものだ
じゃあ悟ると人は
何もしなくなる
ってことじゃない
それって
問題じゃない？
それが
全然問題じゃ
ないんだ
どうして？

たしかに目覚めると
自我をもった個人として
成就すべきことはなくなり
自我をもった個人として
行動する必要はなくなる
↓本当の自分
その一方で
自我という個人と
入れ替わるように
顕わになった純粋な気づきという
本当の自分が
為すべきことを為すようになる
個人では為すことが
できないようなことでも
本当の自分なら
当たり前のように
成就することができる
成就
それって
どんな感じなの？
普段の自分じゃない自分が
すべきことをしていくって
感じかなぁ
う〜ん
物事が自動的に
良い方向に進んでいくような
感じとも言える

とにかく自分が
何々をしている
感覚がないっていう
感じかなぁ
毎日何十回も
ループをしていくと
そんな風に自動的に
物事が為されていく
ようなことが
起きやすくなる
それって
自然一体って
いうやつかもよ
そんなときは大抵
自分と『今、ここ』という
あらゆるものを
存在させるスペース・場が
一つになっていると感じる
『今ここ』
自分と世界との
境界が
消えてなくなるような
感じになる
安らぐね～

「本当の自分」になると

「本当の自分」になると、自分がどっしりと今に腰を下ろすことができるようになります。慌てることや焦ることが少なくなり、物事の善し悪しに判断を下さなくなります。思ったことが現実化しやすくなります。「本当の自分」は自らの人生を創造します。ループをすると、思ったことが現実化しやすくなり、能力も上がります。感性が豊かになります。人生が鮮やかで豊かになります。

ループをして「本当の自分」になると、気づきが鋭敏になります。気づきとは簡単にいえば「意識の認知能力」です。僕たちが世界を体験することができるのは、気づきがあるからです。もし気づきがなければ目や耳、鼻があっても僕たちは世界を体験することができません。

気づきが少ないと、僕たちが見る世界は小さく狭いものになります。気づきが多いと、僕たちが体験する世界は壮大で美しいものになります。

「本当の自分」になって気づきが鋭敏になると、世界の見え方が瞬時に変わります。それまで気づけなかった智恵、愛、慈しみ、美、発見やアイデア、物事の本質に気づけるようになります。

気づきが鋭敏になると、今より人・物・事・世界そのものが美しく見えます。感動が多くなります。

まるで一点の曇りもないカメラのレンズのように目の前の状況を見るなら、世界はそれまでとまったく違って見えます。これは思考や自我による判断を一切入れずに世界を見るということです。カメラのレンズに自我というフィルターをかけないで見るということです。

ループをしながら、カメラのレンズのように目の前の状況を見るなら、瞬時にシフトが起こり、それまでと違った新たな、それもあなたにとって好ましい現実が現れます。

人は今、この瞬間にある「本当の自分」を見逃します。それは心が、自分と自分以外のものという判断を下してしまうからです。自分はこの人間の姿をした部分だけであって、自分が今、この瞬間にいる空間やそこに現れる状況や他人と見えるものは、自分ではなく、自分以外のものであるという概念を信じ切っているためです。

ところがループをしていくと、自分が今いる空間や状況、そこに現れる他人までもが自分だと分かり始めます。今、この瞬間に目の前にあるありのままの状況すべてが「本当の自分」です。

空とは大いなる宇宙の意識

「本当の自分」とは、永遠に変わらないものです。

生まれることもなく、死ぬこともありません。

増えたり減ったりしません。

汚れたり、きれいになったりもしません。

「本当の自分」、それは、あらゆる物・事・生命が現れることを可能にする瞬間でありスペース（場）です。世界が現れることを可能にする背景だということもできます。

とはいえ、「本当の自分」は、僕たちが考えるような物質的なものではありません。物質を創造する源泉である形のない純粋な気づきです。気づきの前に「純粋」という言葉がつくのは、あらゆるものに気づこうと努力しなくても、気づきが僕たちを介して自動的に起こっているためです。

純粋な気づきという「本当の自分」は、そこに現れる世界を創造し、そこに現れる世界に気づいています。

これを、般若心経では「空」といいます。

「空」と純粋な気づきは同じものです。

ループをしていると、自分は、自分の身体を超えて広がっている境界のない気づきだということが分かります。目を閉じてループをしていると、自分と自分の周囲との境界がないように感じます。

自分ではなく、自分の周囲に気づきが起こっているような感じがします。それを感じている自分と、さらにそれに気づいているより深い気づきがあります。気づきは誰かが気づくということではなく、気づき自身がただ起こっているのです。

空は人間の意識では捉えることができません。

なぜならそれが人間の心や姿を創っているのですから。空は、この世界に背景として遍満し、世界を形あるものと形のないものにしている、大いなる宇宙の意識です。「本当の自分」と宇宙は一つです。

般若心経では空は、「不生不滅」と書かれています。ループをすると、心の奥深い部分で自分の本質は死なない純粋な気づきの意識、不生不滅の「空」だと分かるためか、人はみなその中で完全に癒されます。

般若心経を写経していると、ときに症状が消え、がんや難病が治ることがあるのも、ループと同様に、純粋な意識、空の作用です。

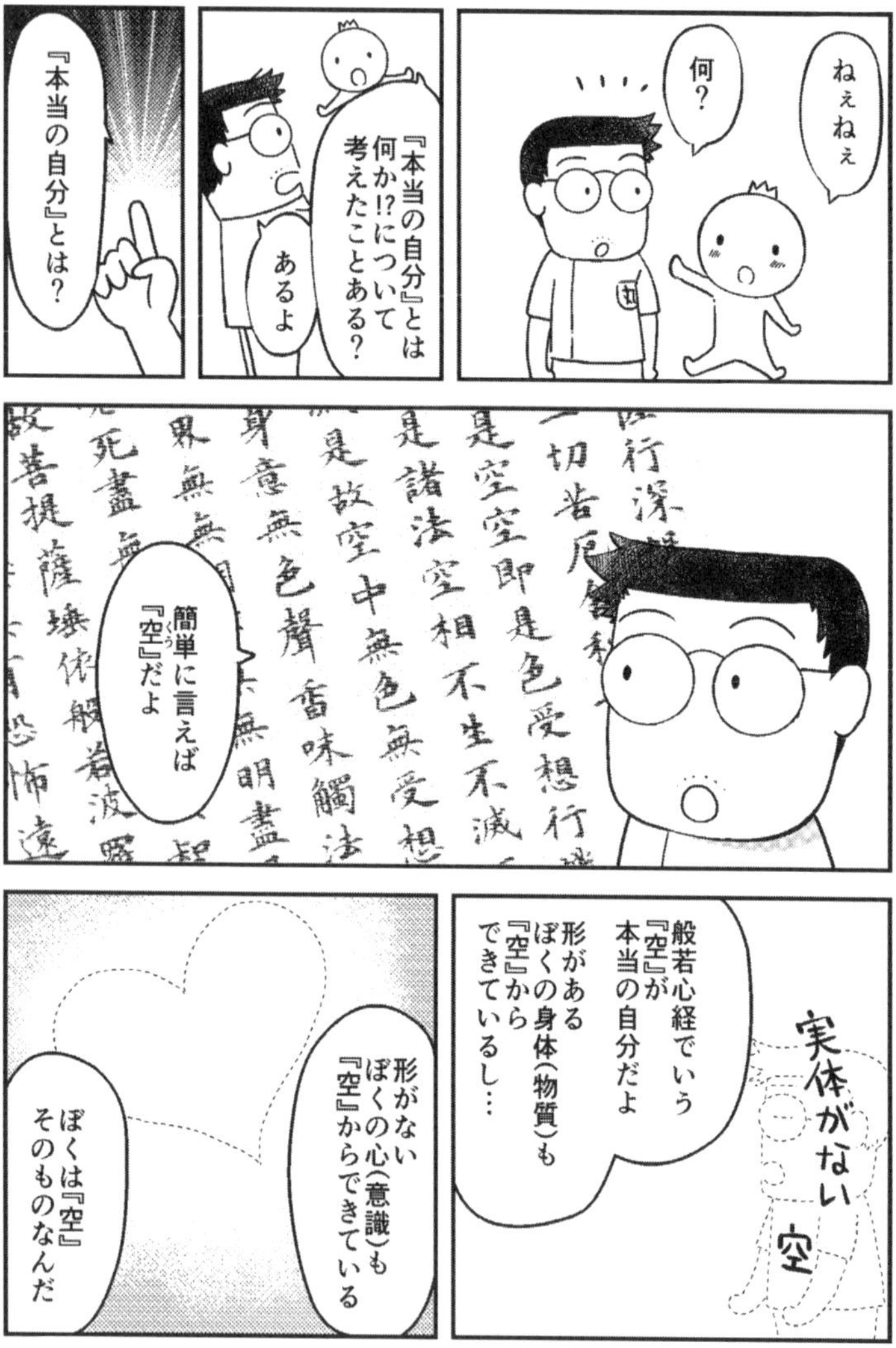
ねぇねぇ
何?
『本当の自分』とは何か!?について考えたことある?
あるよ
『本当の自分』とは?
簡単に言えば『空《くう》』だよ
般若心経でいう『空』が本当の自分だよ 形があるぼくの身体(物質)も『空』からできているし…
実体がない空
形がないぼくの心(意識)も『空』からできている
ぼくは『空』そのものなんだ

目や耳や鼻や触覚など五感が知覚できるものをただ身体(物質)といって
知覚できないものを心(意識)といっているだけなんだ
もし人間に五感以上の知覚があれば自分や世界は今と違ったように見えていたと思う
人間に五感以上の知覚があれば全ての人がぼく(潜在意識)やハイヤーセルフを見ることができたかもしれないってこと??
イエース
それだけじゃない形があるかないかは五感という限られた知覚でいっているだけなんだ知覚が全開になったら形あるものも形がないものも同じ『空』だってわかるよ

♧ 愛そのものとして生きる

「本当の自分」とは、愛です。

愛とは何でしょうか?
愛とはすべてを生かそうとする働きです。
愛とは、僕たちが存在すること、生きることが許されているということです。愛とは、今、この瞬間、ここに自分がたしかにいるということに対する気づきです。

人間の意識は、今、この瞬間に自分に起こっていることは、不完全で変えるべきものだと信じています。しかし愛は、今、この瞬間に自分に起こっているすべてのことは、完全で完璧で変えるべきものは何もないことを知っています。

愛は完全無欠です。

赤ちゃんは純粋な気づきそのものです。赤ちゃんは「本当の自分」そのものとして、あるがままを生きています。

赤ちゃんが誰からも愛されるのは、赤ちゃんが愛そのもの、光そのものであるからです。

赤ちゃんには自分と自分以外の境界がなく、世界と一つ（僕はこれを全体性と呼んでいます）なので、恐怖や不安がありません。

お腹が空いたり、痛いところがあったりすると泣きますが、それは思考とは別の反射的な表現です。

赤ちゃんが全体性から離れ個としての自分（自我）が現れるのは、お母さんから名前を呼ばれ、それが自分だと自覚するようになってからです。

そのあと家庭の中で教育を受け、自我がより強固になりアイデンティティが形成されます。こうして大人になるのですが、ループをするとその瞬間だけは「本当の自分」になり、愛そのものの存在となって、人生が大きく変わり始めます。

海と波

今、ここに波と海があります。

もし波に心（意識）があるとしたらどうでしょう。

小さな波にとって海は脅威です。海は波よりはるかに大きくて、波を飲み込んでしまうからです。

ある時、波はどこからどこまでが自分なのか知りたくなりました。そこで、波は自分と自分以外の海との境界を探すために、海の中を行けるところまでどんどん進んでいきました。

ところが、どこまで行っても波は海との境界を見つけ出すことができません。波は悟りました。自分はちっぽけな波だと思っていたけれど、実は海だったのだと。

それから波は、波として海を見るのではなく、海として海を見るようになりました。

すると、自分が波だと思っていたころ、海を見るたびに感じていた恐れや不安が嘘のようになくなりました。波は海として海を眺めるようになってから、安心と平和、平安を手に入れたのです。

人は波であり、世界は人にとって海のようなものです。人が自分を波のようなものであると思っているかぎり、世界という海を恐ろしく感じます。

ループをすると、波が自分は海だったと気づいたように、人は、自分は自分が体験する世界そのものだと、世界は自分自身だと気づくことができます。そして、突然襲ってくる理由のない不安、恐怖、心配から、僕たちを解放してくれるのです。

波が自分を波だと思っているうちは、波が持つ知恵と力しか使うことができません。波の力だけでは、いくら頑張ってもせいぜい波自身の形を変えることくらいしかできません。

ところが、自分が海でもあるということが分かると、波は海が持つ智恵と力を使うことができるようになります。ループをすると、波が海の智恵や力を使えるように、人は人間の限界や制限を超えて、世界を創造している智恵や力を使うことができるようになります。

これは人が自分の人生を、自ら創造することを意味します。

あなたがあなたの人生を、自ら創造する時がついに来たのです。

おわりに

ループによる効果は一連のプロセスが終了したあとも長く続き、肉体的・感情的な問題を癒します。

ループをすると人はその中で真にくつろぎ、安心、平安、平穏、平和な心地よいフィーリングに包まれます。ループをするたびにフィーリングがあらわれるため、たいていの人はループをすることが好きになります。

そしてループを繰り返すうちに、いつの間にか人は、真実の愛と智恵を持つ人に変わります。

その人が変われば、ほかの人たちにも自然とそれが伝わっていき、あなたの周りにいる人たちの潜在意識とハイヤーセルフが目覚めます。潜在意識とハイヤーセルフが目覚めると自分たちでループを始めるかもしれません。

このようにして多くの人が知らず知らずのうちにループをするようになると、世界そのものが生まれ変わります。

この本によって多くの人たちがループを知り、ループを楽しんで、「本当の自分」に出会い、人生の大きなシフトを楽しんでくだされば、これほど嬉しいことはありません。

最後に、僕にループを教えてくれて、さらにこの本を書かせてくれた僕の潜在意識とハイヤーセルフに、そしてこの本を最後まで読んでくださったあなたに、心からの愛と感謝を贈ります。

2023年1月吉日

丸山　修寛

ブライズ

自分が様々なことや相手（他人）に対して自信をもって対処できるようにしてくれるクスリエです。苦手な人や目上の人に応対する前に見ておくとよいでしょう。

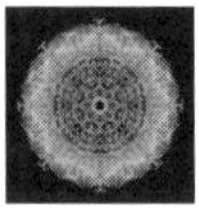

神々からの叡智

仕事上や研究など、様々な問題を解決するインスピレーションを受け取ることのできるクスリエです。アルコールや薬を飲む人は、これをお腹の辺りに貼るかあててみてください。

真我

本当の自分に繋がることを助けてくれるクスリエです。それにより、自分がどう生きていくのが良いかという気づきを得られます。

聖杯 - II

体の不調改善から運気の向上まで、クスリ絵のなかでベスト3に入るほど、パワフルな力を発揮。良好な人間関係を築くためのサポートもしてくれます。

ガンブック

あらゆる病気の根源は脳にあります。透視すると、病気の人は脳の一部にブラックホールのような真っ黒な部分があります。それは渦を巻きながら、その人の生命エネルギーを吸い取っているかのようにみえます。このブラックホールのような真っ黒な部分が消滅すると、人は元気になります。そのために、このクスリ絵は有効です。背中の上部やみぞおちの部分に服の上から絵が外側を向くように貼ります。

フラワーシャーベット

クスリ絵のなかでベスト3に入るほどパワフルな力をもっています。実際に5万人以上が活用し、身体の不調から霊障、運気向上まで、あらゆるエネルギーの改善に役立たせているようです。いつでも清らかな愛を育めるようサポートもしてくれるので、誠実な人間関係をより深く築けるようになるでしょう。身体のどこかに痛みがある場合は、患部に当てるだけで症状が緩和します。

ゼログラ

重力からの解放。無重力状態を意味する情報をクスリ絵にしたもの。実際に絵を貼って無重力状態になるわけではないが、人体にその情報を作用させることによって、無重力状態でないと治らない症状などに作用する。これまでにない最高レベルのクスリ絵。背中に貼るだけであらゆる問題が解決する可能性があります。

アルス

あらゆる症状に効きます。とくに関節に貼るだけで、関節の可動域が大幅に改善します。医の神ともいえるクスリ絵の代表作です。

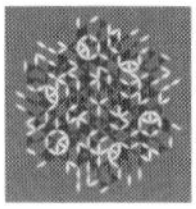

ウルス

「ウルス」は猛威を振るうウイルス対策に有効なクスリ絵です。ウイルスの活動を抑制することができ、まだ薬のないウイルスや、薬が効きにくくなったウイルス（薬剤に対する耐性）に対しても効果が期待できます。また、これらを常に身につけておくだけでも風邪にかかりにくくなるでしょう。

丸山 修寛（まるやま のぶひろ）

医学博士。医療法人社団丸山アレルギークリニック理事長。
山形大学医学部卒業。東北大学病院第一内科で博士号を取得。
「自分だけの喜びは、どんなに頑張ってもたかが一人分。
他人（家族・友人・患者さんなどの自分以外の人）も幸せにすれば、喜びも自分の分＋人数分になる。そうすれば無限大まで喜べる」をモットーに、治療や研究に日々精進している。ウェブサイトにて、研究活動の直筆マンガ「丸山修寛の呟き」を日々更新中。また、幸せになる情報マガジン『丸ちゃん通信』も発行している。東洋医学と西洋医学に加え、電磁波除去療法、波動や高次元医療、音叉療法、色や形の持つ力を研究し、見る・触れるだけで不調をケアできる「クスリ絵」を開発。これら独自の治療法は、多くのメディアで取り上げられている。

著書『クスリ絵』（ビオ・マガジン）、『奇跡が起こるカタカムナ生命の書』（本田印刷出版部）、『あなたの潜在能力が発火する最強のクスリ絵』（フォレスト出版）他、『クスリ絵』シリーズは好評を博しベストセラーに。

丸山アレルギークリニック
http://maru-all.com/

丸山修寛公式ホームページ
http://maruyamanobuhiro.com/

ガン・難病を癒す奇跡の技法
ブッダとイエスの魔法のループ

（3枚組 / 収録時間：計 03:12:54）

URL: http://maruyamanobuhiro.com/dvd_top

病気を癒し、人生を好転させる

奇跡の魔法ループ

丸山修寛

この星の 未来を創る 一冊を

きれい・ねっと

2023 年　3 月 21 日　初版発行
2023 年　3 月 21 日　二版発行
2024 年 11 月 11 日　二版四刷発行

著者　丸山修寛
発行人　山内尚子
発行　株式会社 きれい・ねっと
〒670-0904　兵庫県姫路市塩町 91
TEL：079-285-2215 / FAX：079-222-3866
https://kilei.net

発売元　株式会社 星雲社（共同出版社・流通責任出版社）
〒112-0005　東京都文京区水道 1-3-30
TEL：03-3868-3275 / FAX：03-3868-6588

マンガ　かなしろ にゃんこ
デザイン　eastgraphy

ISBN978-4-434-31830-6

乱丁・落丁本はお取替えいたします。